Jesús Escudero Martín

Profesor de Matemáticas e Informática del
I.E.S. Fray Luis de León de Salamanca

250 ACERTIJOS
DE INGENIO
ESCOGIDOS

Vol. 1

(Incluye Archivos virtuales)

Salamanca 2004

250 ACERTIJOS DE INGENIO ESCOGIDOS
Vol. 1 (Incluye archivos virtuales)
2ª edición
Jesús Escudero Martín

Tapa blanda: 198 páginas
Colección: Humor, adivinanzas
Idioma: Español
Octubre 2018

ISBN: 9788495943569

E-mail: jescudero11111@gmail.com

Web: http://platea.cnice.mecd.es/~jescuder/

Blogs: http://blogs-escudero.blogspot.com.es/

Twitter: jesusescuderom

Facebook: jescuderomartin

ÍNDICE

PRÓLOGO

El presente volumen es el **PRIMERO** de una serie
compuesta, al menos, por los siguientes:

I	**250 acertijos de ingenio escogidos**
II	300 acertijos de ingenio escogidos más 150 mentales
III	260 acertijos de ingenio escogidos más 300 preguntas con respuesta
IV	290 acertijos de ingenio escogidos más 20 curiosidades y anécdotas matemáticas
V	400 acertijos de ingenio escogidos
VI	375 acertijos de ingenio escogidos
VII	325 acertijos de ingenio escogidos
VIII	Momentos entretenidos con los números, sus propiedades y sus curiosidades
IX	Acertijos escogidos de tipo geométrico y otros pseudo-geométricos
X	Problemas escogidos para resolver con EXCEL y modelos que resuelven otros problemas más generales
XI	Acertijos escogidos relativos al lenguaje
XII	Humor escogido y curiosidades
XIII	Más momentos entretenidos con los números, sus propiedades y sus curiosidades
XIV	Más acertijos escogidos de tipo geométrico
XV	Más problemas escogidos para resolver con EXCEL y modelos que resuelven otros problemas más generales

«Tomar la diversión como simple diversión
y la seriedad en serio,
muestra cuán profundamente indiscernibles
resultan ambas entre sí»
(Piet Hein)

Este podría ser el modo más conciso de expresar el punto de vista desde el que están escritas casi todas las páginas de este libro.

El pensamiento del pedagogo alemán Harmut von Henting, expuesto en su libro *«¿Por qué tengo que ir a la escuela? Cartas a Tobías»*, defiende que el aprendizaje *"exige siempre esfuerzo y sacrificio"*. Sin negar ese principio, siempre intento, en lo posible, enseñar deleitando. Esta es la finalidad que tienen los acertijos y curiosidades, que expongo en estas páginas.

Lo que aparece en ellas es para quienes no tengan miedo a evaluarse, para quienes disfruten con las dificultades, para quienes odien los mecánicos y monótonos caminos de resolución; para personas creativas, para los amantes de los enigmas y capaces de apreciar la belleza del razonamiento lógico o matemático.

Los ingeniosos acertijos que se incluyen en este volumen y en los siguientes, muestran que las matemáticas, la lengua, la física y otras disciplinas pueden llegar a ser muy divertidas y entretenidas. El libro ha sido escrito con la intención de que pase Vd. ratos muy agradables.

Espero que, ni al más ingenuo de los lectores, se le ocurra pensar que los acertijos se me han ocurrido a mí. Aunque hay algunos originales, la mayoría han sido extraídos de revistas, periódicos y libros de todo tipo, así como de Internet y del correo electrónico. Los que hay de otros autores, están nombrados en la bibliografía.

Como desde comienzos de los años 70 he ido recogiendo todo tipo de acertijos y curiosidades, por afición, sin ánimo de publicarlos más adelante, desconozco el origen exacto de la mayoría de ellos.

Todo este material me ha ayudado a amenizar mis clases, sacando a colación el acertijo apropiado en el momento oportuno. Los alumnos siempre están interesados en estos temas, y, sobre todo, si vienen a cuento. También lo he compartido con otros profesores y compañeros que desinteresada y amablemente me han ayudado con sus valiosas sugerencias. Incluir aquí sus nombres daría lugar a una lista demasiado larga. Muchas de las ideas, que aparecen en el libro, resultaron muy mejoradas gracias a su colaboración. Desde el año 97, está, una gran parte, disponible en Internet en la página web:

http://platea.cnice.mecd.es/~jescuder

Buen número de los acertijos que aparecen en estas páginas tienen ya la categoría de clásicos y han sido adaptados a nuestro ambiente cultural o se les ha dado un retoque para hacerlos más amenos.

Casi todos los acertijos seleccionados pueden explorarse con la ayuda de un papel y un lápiz. Para resolver la mayor parte de ellos, no se requieren conocimientos superiores a los elementales, aunque casi siempre se requiere la aplicación de un agudo ingenio, a pesar de que a veces no lo parezca. *«La imaginación es más importante que el conocimiento».* (Albert Einstein)

En la resolución de algunos acertijos, es preciso que surja en nuestra mente un concepto nada fácil de definir, que llamamos "**feliz idea**". Para el experto es un método de trabajo, lo que para el novicio resulta una feliz idea, una especie de revelación divina, que surge como un relámpago en la oscuridad y nos deja ver claro el camino a seguir. El examen de muchas felices ideas puede abrir en nuestro espíritu cauces que hagan surgir chispas semejantes en circunstancias parecidas. *«Es dudoso que el ingenio humano pueda llegar a construir un enigma que el propio ingenio humano no sea capaz de resolver».* (Edgar Alan Poe)

Es cierto que hay algunos, preciosos, de enunciado muy sencillo que son muy difíciles de resolver. Aunque no sepamos llegar a la solución, sólo con el hecho de verla y, a veces, comprobarla, ya se disfruta con ellos. *«No necesito saber adonde voy para gozar del camino que transito».* (Deepak Chopra)

Algunos archivos virtuales, han sido creados por mis alumnos de 1º y 2º de Bachillerato en la asignatura de Tecnologías de la Información. Tras una pequeña y breve revisión, aparecen tal y como ellos me los entregaron.

Se descargan de:

http://platea.pntic.mec.es/jescuder/acertijo.rar

Salamanca, mayo 2004

SAMUEL LOYD

Ha sido el más grande creador de acertijos de los Estados Unidos. Nació en Filadelfia el 30 de enero de 1841.

En 1844, su padre, un acomodado operador inmobiliario, se estableció en Nueva York, donde Sam asistió a la escuela hasta los 17 años. Sam era alto, delgado, silencioso e individualista, hábil en conjuros, mímica, ventriloquía, ajedrez y el recorte rápido de siluetas en hojas de papel negro. Sus propósitos de estudiar ingeniería se evaporaron a medida que crecía su interés por el ajedrez.

Aprendió a jugar al ajedrez a los 10 años. A los 14 se publicó su primer problema de ajedrez, en el *New York Saturday Courier*, el 14-7-1855. Colaboró con casi todas las publicaciones, con diversos seudónimos, ganando premio tras premio gracias a sus ideas ingeniosas y poco convencionales.

Fue un chispeante y prolífico creador de acertijos con habilidad especial para resaltar los efectos sorprendentes. Su gracia y originalidad no han sido nunca superadas.

En la década de 1890 escribió una columna de acertijos para el *Brooklyn Daily Eagle*, y desde principios del siglo XX sus columnas de acertijos aparecieron en numerosos periódicos y revistas. Una página mensual en el *Woman's Home Companion* se mantuvo desde 1904 hasta 1911.

Publicó un sólo libro, *Chess Strategy* que imprimió él mismo en su imprenta de Nueva Jersey.

Después de su muerte el 10 de abril de 1891, su hijo Samuel Loyd Jr. siguió editando las columnas de acertijos de su padre. En 1914 publicó la *Cyclopedia of Puzzles*.

HENRY ERNEST DUDENEY

Nació en Mayfield, al sur de Inglaterra, el 10 de abril de 1857. Se casó con una prolífica autora de novelas románticas, Alice Dudeney, muy conocida en su época, con la que tuvo una hija.

Junto a Sam Loyd son los más notables inventores de problemas de ingenio de todos los tiempos. Ambos desarrollaron su obra publicando en diversas revistas a lo largo de muchos años.

Inventó una cantidad descomunal de nuevos problemas. Destacó en la resolución persistente de enigmas. Algunas cuestiones que venían resistiendo los métodos de expertos matemáticos son dilucidadas por él. Adquirió la habilidad matemática por su cuenta y jamás fue a la escuela.

Durante veinte años escribió e ilustró una página de entretenimientos "*Perplexities*" para la popular revista inglesa The Strand Magazine.

Los "*Acertijos de Canterbury*", editado en 1907, fue su primer libro.

INTRODUCCIÓN

ACERTIJO. "Es la ingeniosa descripción, en prosa, de un mensaje que el receptor debe descubrir".

De la mañana a la noche, nos vemos permanentemente enfrentados a acertijos, generalmente ideados para la recreación y el pasatiempo.

La curiosa tendencia a proponer acertijos no es peculiar a ninguna raza ni a ningún período de la historia. Es simplemente innata a cualquier hombre, mujer o niño inteligente.

Los teólogos, científicos y artesanos están permanentemente ocupados en tratar de solucionar problemas, mientras que todo juego, deporte y pasatiempo se basa en problemas de mayor o menor dificultad.

La pregunta espontánea planteada por un niño a su padre, por un ciclista a otro mientras toman un breve descanso; por un jugador de cartas durante la hora de comer, o por un navegante mientras examina perezosamente el horizonte, es frecuentemente un problema de considerable dificultad. Resumiendo, todos estamos proponiéndonos acertijos unos a otros, todos los días de nuestras vidas, no siempre sabiéndolo.

Un buen acertijo debe exigir el ejercicio de nuestro mejor ingenio y habilidad, aunque cierto conocimiento de matemáticas y alguna familiaridad con los métodos de la lógica son frecuentemente de gran ayuda en la solución de estas cosas. Aun así, a veces, sucede que una dosis de astucia y sagacidad naturales son de considerable valor. Porque muchos de los mejores problemas no pueden resolverse por ningún método escolástico conocido, sino que deben atacarse por lineamientos completamente originales. He aquí por qué, luego de una larga y amplia experiencia, uno encuentra que determinados acertijos a veces serán resueltos con más facilidad por personas que sólo tienen buenas facultades naturales, que por las más cultas. Los mejores jugadores de juegos de ingenio tales como el ajedrez y las damas, no son matemáticos, aunque es posible que ellos tengan mentes matemáticas sin desarrollar.

Es extraordinaria la fascinación que un buen acertijo ejerce sobre mucha gente. Sabemos que es un asunto trivial, y, aún así, nos sentimos impulsados a dominarlo; y, cuando lo hemos logrado, nos inundan un placer y una sensación de satisfacción que son recompensa suficiente para nuestros esfuerzos, aunque no haya premio alguno.

¿Qué es este misterioso encantamiento que muchos encuentran irresistible? El hecho curioso es que en cuanto el enigma ha sido resuelto, el interés generalmente desaparece. Lo hemos logrado, y esto es suficiente. Pero, ¿por qué hicimos el intento de resolverlo? La respuesta es simplemente que nos da placer buscar la solución. Un buen acertijo, al igual que la virtud, es su propia recompensa. Al hombre le fascina verse enfrentado a un misterio y no es enteramente feliz hasta que lo ha desentrañado. Nunca nos gusta sentir nuestra inferioridad mental respecto a quienes nos rodean. El espíritu de rivalidad es innato en el hombre. Estimula al niño más pequeño, en los juegos y en el estudio, para mantenerlo al nivel de sus compañeros, y, en la vida adulta, convierte a los hombres en grandes descubridores, inventores, oradores, héroes, artistas, y, si tienen espíritu materialista, quizás millonarios.

La gente generalmente comete el error de confinarse a un pequeño rincón del Reino de los Acertijos y de esa forma pierde oportunidades de nuevos placeres que están al alcance de la mano. Unos se dedicarán a los acrósticos y otros acertijos de palabras, otros se dedicarán a los rompecabezas matemáticos, otros a problemas sobre el tablero de ajedrez y así sucesivamente. Esto es un error, porque restringe nuestro placer, y desdeña aquella variedad, que es tan saludable para el cerebro. Además, hay una utilidad práctica en la resolución de acertijos. Se supone que el ejercicio regular es tan necesario para la mente, como lo es para el cuerpo y, en ambos casos, no es tanto de lo que hacemos, sino del hecho de hacerlo de lo que extraemos un beneficio. La caminata diaria recomendada por el médico para el bien del cuerpo o el ejercicio mental diario pueden, en sí, parecer una gran pérdida de tiempo, pero a la larga resultan muy beneficiosos. Los acertijos mantienen la mente alerta, estimulan la imaginación, y desarrollan las facultades de razonamiento. Y no sólo son útiles en esta forma indirecta, sino que muchas veces nos ayudan directamente, enseñándonos pequeños trucos y "artimañas", que pueden aplicarse a los asuntos de la vida en los momentos más inesperados y de las formas más insospechadas.

¿CÓMO SE INVENTAN LOS BUENOS ACERTIJOS?

(Los que contienen alguna idea original)

No se puede inventar un buen acertijo a propósito, de igual modo que no puede inventarse así ninguna otra cosa. Las ideas para acertijos aparecen en momentos extraños y de modos extraños. Son sugeridas por algo que vemos u oímos y se llega a ellas a través de otros acertijos que nos son formulados. Es inútil decir: *"Me sentaré a inventar un acertijo original"*, porque no hay forma de crear una idea; sólo se puede hacer uso de ella cuando llega.

Se puede pensar que esto es incorrecto, porque un experto en estas cosas crea cantidades de acertijos, mientras que otra persona, igualmente astuta, no puede inventar ni uno. La explicación es muy sencilla. El experto reconoce una idea cuando la ve y es capaz, por su vasta experiencia, de juzgar su valor. La fertilidad, como la facilidad, viene con la práctica.

Algunas veces surgen ideas nueva interesantes a partir de la confusión que se comete respecto de otro acertijo.

Una persona ingeniosa, con una idea, puede crear acertijos a partir de casi cualquier cosa. Monedas, fósforos, cartas, fichas, pedacitos de alambre o cordel, todos son útiles. Se ha inventado una inmensidad de acertijos a partir de las letras del alfabeto y de esos nueve pequeños dígitos y el cero, 1, 2, 3, 4, 5, 6, 7, 8, 9 y 0.

Una persona muy simple, por ejemplo un niño, puede llegar a proponer acertijos sólo capaces de ser resueltos por mentes hábiles, si es que pueden resolverlos.

VIDRIO TRANSPARENTE

Papá, ¿por qué vemos a través de un vidrio?

No me digas que porque el vidrio es trasparente, ya que lo que me interesa saber es por qué es trasparente.

TOALLA MOJADA

Si el agua es incolora, ¿por qué la parte de una toalla que ha sido sumergida en agua es de color más oscuro que la parte seca?

DIOS OMNIPOTENTE

Niña: Papá, ¿puede Dios hacer cualquier cosa?

Papá: Sí, hija.

Niña: Entonces, ¿puede hacer una piedra tan pesada que Él mismo no pueda levantar?

Sería lo mismo que preguntar: ¿Puede Dios destruir su propia Omnipotencia?

CLASIFICACIÓN DE LOS ACERTIJOS

La variedad de acertijos es tan infinita que es muy difícil clasificarlos en grupos definidos.

A grandes rasgos, pueden dividirse en dos clases:

A	**Los que se construyen sobre algún pequeño principio interesante o informativo.**
B	**Los que no encierran ninguna clase de principios.** (Figuras recortadas al azar en pequeños trozos para ser vueltas a formar, jeroglíficos, etc.)

Frecuentemente se fusionan de tal forma, que lo mejor es clasificarlos en unas cuantas categorías amplias:

Las viejas adivinanzas, que estimulan la imaginación y el juego de la fantasía.

EL ENIGMA DE LA ESFINGE

¿Qué animal anda por la mañana a cuatro patas, por la tarde, a dos y por la noche, a tres?

Solución. El hombre. En la infancia gatea, en la madurez se mantiene sobre sus dos piernas y en la vejez debe ayudarse con un bastón.

[Cuenta la tradición que Edipo, antes de ser rey de Tebas, tuvo que descifrar este acertijo de cuya solución dependía la salvación de su pueblo]

Los aritméticos. Clase inmensa, plena de diversidad.

FRACCIONES EXTRAÑAS

¿Qué tienen de extraño las siguientes fracciones: 19/95, 26/65, 16/64?

Solución. Quitando en cada caso, el número repetido, el resultado es el mismo: 19/95=1/5; 26/65=2/5; 16/64=1/4.

UN PRECIO ABSURDO

Un propietario tiene 60 melones, da 50 de ellos a un mozo y 10 a otro.

Ordenó que vendiese primero el que llevaba 50 melones, y luego al mismo precio y modo vendiese el que llevaba 10 melones, y trajese doble dinero el segundo que el primero.

¿Cómo lo consiguieron?

Solución. *«Véndase primero lotes de 7 melones por un euro, y acabados estos, cada melón por 13 euros».*

De este modo el primer vendedor consigue 20 euros, y el segundo vendedor obtiene 40 euros.

Los geométricos. Otra clase inmensa y llena de diversidad. *«La Geometría es el arte de pensar bien, y dibujar mal».* (Poincaré)

CUADRADOS QUE SE CORTAN

Tenemos dos cuadrados iguales superpuestos, de manera que un vértice de uno está siempre en el centro del otro.

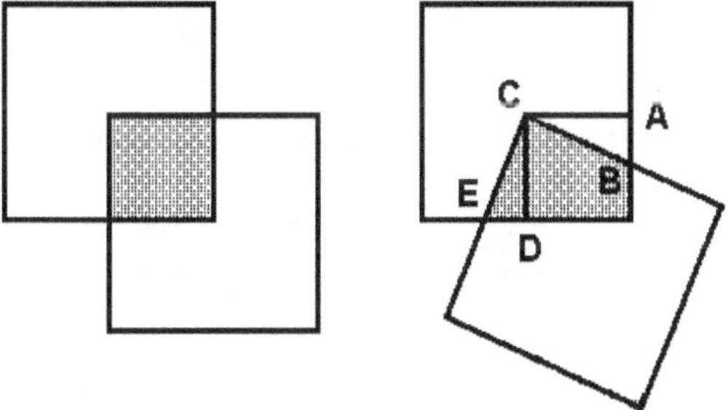

¿En qué posición el área comprendida entre los dos cuadrados es la mayor posible?

Solución. El área comprendida entre ambos siempre es la cuarta parte de la de un cuadrado.

Los triángulos CAB y CDE son iguales.

Los juegos de letras, basados en las pequeñas peculiaridades del lenguaje: anagramas, acrósticos, palíndromos, cuadrados de palabras, etc.

PALABRA DEFECTUOSA

¿Qué palabra de quince letras pronuncian defectuosamente todos los locutores profesionales?

Solución. Defectuosamente.

Etc. etc.

Estas categorías no están ni cerca de abarcar a todos los tipos que existen, ni siquiera cuando muchos pertenecen a varias clases al mismo tiempo.

Hay muchos acertijos mecánicos ingeniosos que no pueden clasificarse, ya que son bastante únicos; los hay de lógica, ajedrez, damas, cartas, dominós... Todo truco de magia no es sino un acertijo, cuya solución el mago trata de mantener en secreto.

Hay acertijos que parecen fáciles y son fáciles.

EL SASTRE CORTADOR

Un sastre corta cada minuto un metro de una tela que mide diez metros.

¿Cuánto tardará en tenerla completamente cortada?

Solución. Nueve minutos. Una vez cortado el noveno metro ya no le queda otro por cortar.

Hay acertijos que parecen fáciles y son difíciles.

Y no es cierto que un acertijo cuyas condiciones sean de fácil comprensión, aun para el niño más pequeño, sea en sí mismo sencillo.

Tal acertijo puede sin embargo parecerle fácil a un inexperto, y resultarle una tarea ardua una vez que se intenta desentrañarlo.

BUSCANDO UN DIVISOR

Busque un divisor distinto de él mismo y de la unidad del número 11.111.111.111.111.111 (hay 17 unos).

Solución. Las condiciones son sencillas, pero la tarea es terriblemente complicada.

Solamente tiene dos divisores: 2.071.723 y 5.363.222.357, y su descubrimiento es una tarea sumamente ardua.

Hay acertijos que parecen difíciles y son fáciles.

SEPAMOS ORGANIZAR UN TORNEO DE TENIS

En un torneo de tenis, ¿cuántos partidos habrán de jugarse si hay inscritos 974 jugadores?

Después de cada partido el perdedor queda eliminado y el ganador pasa a enfrentarse a otros contendientes.

El campeonato prosigue así hasta que queda un único ganador, el campeón.

Solución. Si cada partido produce un perdedor (eliminado) harán falta 973 partidos para que quede un solo invicto y campeón.

Hay acertijos que parecen difíciles y son difíciles.

LA DIVISIÓN EN LA TASCA

El dueño de una tasca quiere dividir en dos partes iguales el líquido que lleva un recipiente de 16 litros.

Para hacerlo no tiene a su disposición más que el recipiente original y dos recipientes vacíos con capacidades de 11 y 6 litros.

¿Cuántas operaciones de trasvase son necesarias para efectuar la partición sin perder ni una gota de líquido?

Solución. Hacen falta 13 trasvases. Recipientes de (16,11,6).

0 - (16,0,0)	1 - (10,0,6)	2 - (10,6,0)
3 - (4,6,6)	4 - (4,11,1)	5 - (15,0,1)
6 - (15,1,0)	7 - (9,1,6)	8 - (9,7,0)
9 - (3,7,6)	10 - (3,11,2)	11 - (14,0,2)
12 - (8,2,6)	13 - (8,8,0)	

El archivo (**Movida en la lechería.ppt**) contiene una presentación con acertijos similares a este.

RESOLUCIÓN DE ACERTIJOS

Resolver acertijos es, antes que nada, y después de todo, una actividad placentera. El placer, en un buen acertijo, nace de su tensión. La tensión es la relación que se establece entre lo que el acertijo empieza por ofrecernos y lo que termina pidiéndonos. O sea, entre los datos y la incógnita. Cuanto mayor es la «incongruencia» entre los datos y la incógnita, mayor es la tensión del acertijo. Resolver un acertijo es resolver esa tensión, distenderse, aflojarse, reír.

La máxima de que siempre existe una forma correcta y una incorrecta de hacer cualquier cosa se aplica muy especialmente a la resolución de acertijos. La forma incorrecta consiste en efectuar intentos sin rumbo, sin método, con la esperanza de llegar a la solución accidentalmente. Generalmente, este proceso atrapa sin esperanzas en la trampa que fue diestramente tendida.

Cuando nos sentamos a resolver un acertijo, lo primero que debemos hacer es asegurarnos de haber comprendido sus condiciones lo mejor posible, ya que, si no entendemos qué es lo que tenemos que lograr, es poco probable que lo consigamos.

LO DE LA SARDINA

A real y medio la sardina y media, ¿cuánto costarán siete sardinas y media?

Solución. Siete reales y medio.

Precisa ser propuesto de palabra y dicho con rapidez, para encubrir su evidencia.

Sin embargo, siempre había el caso de quien, al descubrirle la solución, tras haber sido incapaz de hallarla, se excusaba diciendo: *«¡Ah, sardinas! Yo te había entendido salmonetes».*

Algunas veces se intenta confundir con pequeñas ambigüedades del significado de las palabras.

CAMINAR ALREDEDOR

Un niño camina alrededor de un poste sobre el cual hay un mono, pero mientras el niño camina, el mono gira sobre el poste, de forma que siempre queda de frente al niño.

¿Camina el niño alrededor del mono?

Solución. Para poder dar la respuesta, es necesario saber el significado de «caminar alrededor».

- Si se toman las palabras de "caminar alrededor" con su significado corriente, el niño, sí camina alrededor del mono.

- Si "caminar alrededor" de algo se entiende, como el moverse de tal forma que nos permita ver todos sus lados, entonces la respuesta es negativa. En este caso un ciego no podría caminar alrededor de ninguna cosa.

- Si "caminar alrededor" de algo se entiende como el ir de forma que, dado el sentido de la vista, pueden verse todos los lados, entonces la respuesta es negativa. En este caso no se podría caminar alrededor de un hombre que estuviera encerrado dentro de una caja.

- Etc.

Todo el asunto es divertidamente estúpido, y si al comenzar se exige una sencilla y correcta definición de "caminar alrededor" ya no hay acertijo, y se evita una inútil y frecuentemente acalorada discusión.

Cuando se han comprendido las condiciones, siempre es bueno intentar simplificarlas, ya que así se evitan grandes confusiones.

CARLOS Y LA FOTOGRAFÍA

Carlos estaba mirando un retrato y alguien le preguntó: *«¿De quién es esa fotografía?»*, A lo que él contestó: *«Ni hermanos ni hermanas tengo, pero el padre de este hombre es el hijo de mi padre».*

¿De quién era la fotografía que estaba mirando Carlos?

Solución. Puede simplificarse diciendo que "el hijo de mi padre" debe ser "mi hermano" o "yo mismo".

La afirmación simplificada, viene a ser sencillamente: "El padre de ese hombre soy yo", y era obviamente el retrato de su hijo. ¡Y sin embargo la gente discute este asunto durante horas!

Hay algunos acertijos que no tienen solución.

Pero, hay que tener en cuenta, que una cosa es no poder realizar determinada acción y otra muy diferente probar que no puede ser realizada.

CUADRAR EL CÍRCULO

Consideremos un círculo de 10 cm. de diámetro.

Hay que encontrar el lado del cuadrado que tenga la misma área que el círculo.

Solución. Imposible. Sin embargo se puede llegar a aproximaciones aceptables para fines prácticos.

A veces, la inexactitud del saber popular asoma en acertijos como estos dos:

PLOMO O ALGODÓN

¿Qué pesa más, un kilo de plomo o un kilo de algodón?

Solución. Lo mismo, porque son un kilo los dos.

Pero no, en el vacío pesarían igual pero en el aire pesa menos el algodón ya que el empuje hacia arriba en función del volumen de aire desalojado es mayor.

UNA O DOS MANTAS

¿Qué abriga más, una manta de dos centímetros de grosor o dos mantas de un centímetro de grosor cada una?

Solución. Abrigan más dos mantas de un centímetro ya que la capa de aire que queda entre ellas hace de aislante.

En ocasiones, ciertas personas se encuentran en una situación crítica y sólo por su agudeza e inteligencia pueden salir de ella.

EL EXPLORADOR CONDENADO

Un explorador cayó en manos de una tribu de indígenas, se le propuso la elección entre morir en la hoguera o envenenado.

Para ello, el condenado debía pronunciar una frase tal que, si era cierta, moriría envenenado y, si era falsa, moriría en la hoguera.

¿Cómo escapó el condenado a su funesta suerte?

Solución. El condenado dijo: «*Moriré en la hoguera*».

Si esta frase es cierta, el condenado debe morir envenenado. Pero en ese caso ya es falsa. Y si es falsa, debe morir en la hoguera, pero en este caso es verdadera.

El condenado fue indultado.

EL PRISIONERO Y LOS DOS GUARDIANES

Un sultán encierra a un prisionero en una celda con dos guardianes, uno que dice siempre la verdad y otro que siempre miente.

La celda tiene dos puertas: la de la libertad y la de la esclavitud.

La puerta que elija el prisionero para salir de la celda decidirá su suerte.

El prisionero tiene derecho de hacer una pregunta y sólo una a uno de los guardianes.

Por supuesto, el prisionero no sabe cuál es el que dice la verdad y cuál es el que miente.

¿Puede el prisionero obtener la libertad de forma segura?

Solución. El prisionero pregunta a uno de los dos servidores: «*Si le dijera a tu compañero que me señale la puerta de la libertad, ¿qué me contestaría?*».

En los dos casos, el guardián señala la puerta de la esclavitud.

Por supuesto elegiría la otra puerta para salir de la celda.

Los grandes números es razonable que despisten a quienes los tratan por primera vez.

Pero, cuestiones tan simples como el metro y sus divisores suelen producir una imagen subjetiva extraordinariamente lejana a la realidad.

EL CUADRADO Y LOS CUADRADITOS

Supongamos que un cuadrado de un metro de lado se divide en cuadraditos de un mm. de lado.

¿Qué longitud se obtendrá si colocamos todos los cuadraditos adosados unos a otros en línea recta?

Solución. Saldrán 1.000 x 1.000 = 1.000.000 de cuadraditos. Luego, se obtendrá una longitud de 1 km.

La adopción de un modo apropiado de encarar un acertijo tiene su importancia.

Lo que es un lenguaje adecuado o un lenguaje inadecuado, se puede entender en los siguientes ejemplos.

EL MONJE EN LA MONTAÑA

Un monje decide subir desde su ermita a la montaña para pasar allí la noche orando.

Sale de la ermita a las 9 de la mañana y después de caminar todo el día llega a la cumbre.

Allí pasa la noche y a la mañana siguiente, a las 9 de la mañana, emprende el camino a su ermita por el mismo sendero, y a mayor velocidad.

Al ir bajando, se pregunta: *«¿Habrá algún punto del camino en el que hoy esté a la misma hora que estuve ayer?»*

Solución. Una mente inclinada matemáticamente comienza, tal vez, por hacerse una gráfica de la caminata del monje en cada uno de los días. Tiene pocos datos para ello. Se los inventa. Con un poco de trabajo verá, seguramente, la luz...

Una mente menos inclinada matemáticamente puede tener la idea de hacer descender a un monje ficticio, en el mismo día que el monje real sube, replicando exactamente el camino de bajada que el monje real hace al día siguiente. Como salen a la misma hora, es claro que a alguna hora se encuentran en el camino. Las matemáticas están de sobra.

EL PROBLEMA DE JOSEPHUS

En su libro De Bello Judaico, Hegesipo cuenta que cuando los romanos capturaron la ciudad de Jotapat, Josephus y otros cuarenta judíos se refugiaron en una cueva. Allí decidieron los 41 judíos suicidarse antes que entregarse.

A Josephus y otro amigo la idea no les gustaba. Propusieron hacerlo, pero con orden. Se colocarían en círculo y se irían suicidando contando tres a partir de un entusiasta que a toda costa quería ser el primero.

¿En qué lugares se colocaron Josephus y su amigo para ser los dos últimos y, una vez en mayoría absoluta, decidir que no estaban de acuerdo con la automasacre?

Solución. El problema tiene sabor matemático y se pueden ensayar herramientas matemáticas. Pero resulta más sencillo colocar en círculo 41 papelillos con un número 1, 2, 3, ..., 40, 41 cada uno y luego ir simulando los suicidios para ver qué dos papelillos quedan los últimos. Josephus y su amigo se colocaron en los lugares 16 y 31.

Si se quiere obtener un resultado general con m judíos que se suicidan contando de n en n, ya hay que acudir a consideraciones más matemáticas.

Algunos acertijos están deliberadamente formulados para ser resueltos con algún truco y, si no existe solución sin el truco, es perfectamente lícito.

Debemos juzgar si un acertijo encierra o no una trampa, pero nunca debemos presuponerlo.

Retorcer las condiciones de un acertijo con argucias es el último recurso del solucionador derrotado.

LOS TRES NIÑOS CON CAMISETA

Tres niños suben al escenario de un gran teatro con un número de gran tamaño dibujado en la parte delantera de su camiseta.

Los números dibujados son respectivamente 3, 1 y 6.

Se ponen de frente al público y piden ser colocados por este de forma que el número de tres cifras resultante sea divisible por siete.

¿Cómo los colocaría Vd.?

Solución. Ninguna de las seis permutaciones (136-163-316-361-613-631) es divisible por 7.

Habrá que pensar en alguna trampa escondida.

Efectivamente, el 6 puede valer como 9.

Por tanto, la colocación será:

De izquierda a derecha: el chico del número 6 haciendo el pino, luego el que tiene el 3 y después el del 1. Se forma así el número 931 que es igual a 7x133.

El archivo (**Los tres niños con camiseta.ppt**) contiene
una presentación con este acertijo.

Hay acertijos resolubles por métodos algebraicos fastidiosos, pero que ceden prontamente ante un razonamiento lógico sencillo, si se tiene la adecuada comprensión de los datos.

Esto se puede observar en los siguientes ejemplos.

EL CASO DEL VINO Y EL AGUA

En una botella hay un litro de vino; en otra, un litro de agua.

De la primera a la segunda se trasvasa una cucharada de vino, y después, de la segunda a la primera, se trasvasa una medida igual de la mezcla obtenida.

Esta operación se repitió cinco veces más.

Al finalizar la quinta operación, ¿qué hay más, agua en la primera botella o vino en la segunda?

Solución. El volumen de los líquidos después de los trasvases continúa siendo de un litro.

Después de los trasvases, en la segunda botella hay X centímetros cúbicos de vino y, por tanto, 1000-X centímetros cúbicos de agua.

Es evidente que los X centímetros cúbicos de agua que faltan deberán estar en la otra botella.

En consecuencia, habrá tanta agua en la botella de vino como vino en la botella de agua.

Esta respuesta es la misma aunque las botellas contengan cantidades distintas de líquido, y tanto si la mezcla es agitada como si no.

Podemos además trasladar tantas cucharadas de una a otra, y de los tamaños que queramos, tantas veces como queramos.

La única condición que hay que respetar es que al final cada botella contenga la misma cantidad de líquido que al empezar.

LA PERPLEJIDAD DE UN BUEN CHOFER

Un autobús va ocupado por 40 chavales. En otro autobús viajan 40 chicas. Ambos se dirigen al mismo campamento.

Antes de arrancar, los conductores se van a tomar café. Entretanto, diez muchachos bajan de su coche y se cuelan en el de las chavalas.

Al regresar, el conductor de las chicas se da cuenta de que lleva demasiados pasajeros.

Conductor: ¡Vale ya! ¡Se acabó la fiesta! Este autobús es de 40 plazas, así que 10 de vosotros tendréis que apearos. ¡Y deprisita!

Diez pasajeros, de sexo no determinado, se trasladan al coche de los muchachos. Allí ocupan los diez asientos vacíos. Poco después, ambos coches echan a andar, cada uno con 40 pasajeros.

Algo más tarde, al conductor de las chicas se le ocurre:

Conductor: Humm... Seguro que en este coche van algunos muchachos, y en el de las chicos, algunas chicas.

¿En cuál de los dos habrá mayor proporción de personas del sexo contrario?

Solución. Cuesta creerlo, pero independientemente del sexo de las 10 personas que retornaron al autocar de los muchachos, la proporción de pasajeros de sexo minoritario es exactamente la misma en ambos coches.

¿Por qué? Supongamos que haya 4 chicos en el autocar de las chicas. Estos dejan cuatro asientos libres en el de los muchachos. Estos son los asientos que forzosamente habrán de ocupar las muchachas. El razonamiento es idéntico para cualquier otro número de chicos.

Hay muchos trucos de cartas inspirados en este principio.

ILUSIONISMO CON CARTAS

Dividimos el mazo de una baraja francesa de 52 cartas en dos mitades iguales, volvemos una de ellas cara arriba, y barajamos conjuntamente los dos montones.

Se les muestra a los espectadores el mazo así barajado, sin decirles que hay exactamente 26 cartas en cada sentido. Haga usted que otra persona lo baraje nuevamente.

Extienda la mano y pídale que deposite 26 cartas sobre su palma. "¿No sería una coincidencia asombrosa -les dice usted a todos- que mi mano contuviera exactamente el mismo número de cartas boca arriba que la suya?"

Pídale entonces a su amigo que extienda sus naipes sobre la mesa. Al tiempo que él lo hace, disimuladamente déle usted la vuelta a su mazo, para después extenderlo junto al otro. Cuente el número de naipes que han quedado a la vista en cada grupo. ¡Ambos números serán iguales! ¿El truco?

Solución. El truco tiene el mismo fundamento que los casos anteriores.

De no darle usted la vuelta a su mazo, el número de cartas a la vista de la otra mitad coincidiría con el número de naipes ocultos de la suya.

Al darle la vuelta al mazo, las cartas que estaban hacia abajo quedarán a la vista, y esto las pone en correspondencia biunívoca con las situadas boca arriba en la otra mitad.

Hay acertijos, para los que no existe ningún algoritmo ni procedimiento prefijado para resolverlos, pero, a veces, con un poco de perspicacia, la solución es rápida.

LOS INDIOS

Dos indios americanos, uno niño y otro adulto, están sentados en un tronco, el indiecito es hijo del adulto pero el adulto no es padre del indio pequeño.

¿Cómo es posible?

Solución. El indio adulto es la madre del indiecito.

LA AMEBA

Una ameba se divide en dos (y así se reproduce) exactamente cada minuto.

Dos amebas en un tubo de ensayo pueden llenarlo por completo en dos horas.

¿Cuánto tiempo le llevará a una sola ameba llenar otro tubo de ensayo de la misma capacidad?

Solución. Dos horas y un minuto.

Transcurrido sólo un minuto, ya se ha dividido en dos, y sabemos que dos amebas llenan el tubo en dos horas.

A veces, buscando el atajo adecuado, resolvemos acertijos, que a primera vista parecen rarísimos.

PASTELES PARA NIÑOS

Un niño y medio se comen un pastel y medio en un minuto y medio.

¿Cuántos niños hacen falta para comer 60 pasteles en media hora?

Solución. En minuto y medio un niño se come un pastel.

En tres minutos dos pasteles.

En 30 minutos 20 pasteles.

Para comerse 60 en media hora se necesitan 3 niños.

Hay acertijos que parecen fáciles a primera vista y sin embargo no se pueden resolver.

DOMINÓ Y AJEDREZ

De un tablero de ajedrez que, como sabemos, tiene 64 casillas cuadradas, suprimimos las dos del extremo de una diagonal.

Tomemos ahora 31 fichas de dominó, cada una de tamaño igual a dos casillas del tablero.

Se trata de colocarlas de forma que cubran las 62 casillas que tiene el tablero tras la eliminación de las dos indicadas.

Solución. Es imposible.

En efecto, cada ficha de dominó ha de cubrir, forzosamente, una casilla blanca y otra negra, puesto que se alternan. Por tanto, cualquier combinación que elijamos para las fichas de dominó, habrían de cubrir el mismo número de casillas blancas que negras, y como las suprimidas son del mismo color, las 31 fichas no cubrirán todo el tablero.

Empezar por lo fácil hace fácil lo difícil. Si colocamos fichas a bulto, pronto nos encontramos con un buen lío ya que el tablero es grande y hay muchísimas posibilidades. ¿Por qué no nos construimos uno más modesto e intentamos allí un problema semejante?

En el tablero 2x2 pronto nos damos cuenta de que lo que se pide es imposible sin partir en dos una ficha. Los dos cuadros que quedan están en una diagonal y no hay forma de cubrirlos con una ficha de dominó.

En el tablero 3x3 el juego no tiene sentido, pues si se cubren 2 cuadros, quedan 7 que no pueden ser cubiertos ni con tres fichas ni con cuatro exactamente. En el tablero 4x4 no existe este problema, pero la experiencia del tablero 2x2 nos puede hacer pensar en la imposibilidad aquí también.

En el de 4x4 se quitan dos cuadros de una diagonal, dos cuadros por tanto del mismo color, como sucedía en el de 2x2. Quedan 8 cuadros de un color y 6 del otro. Pero, una ficha de dominó bien colocada cubre necesariamente un cuadro blanco y otro negro. Así es imposible cubrir el tablero.

Esto mismo sucederá en tableros 6x6, 10x10, 12x12... Siempre que quitemos dos cuadros del mismo color.

El archivo (Dominó y ajedrez.ppt) contiene
una presentación con este acertijo.

Hay acertijos en principio trigonométricos que, sin embargo, admiten elegantes soluciones puramente geométricas.

LOS TRES CUADRADOS

Tenemos tres cuadrados iguales dispuestos como se muestra en la figura.

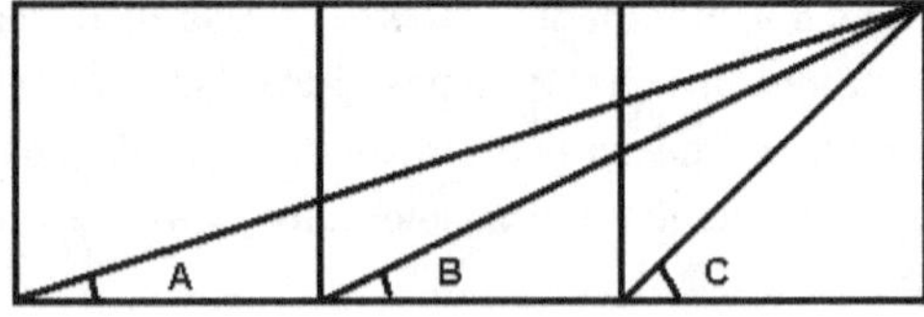

Usando solamente geometría elemental (no trigonometría) demuestre que el ángulo C es igual a la suma de los ángulos A y B.

Solución. La siguiente construcción muestra la solución.

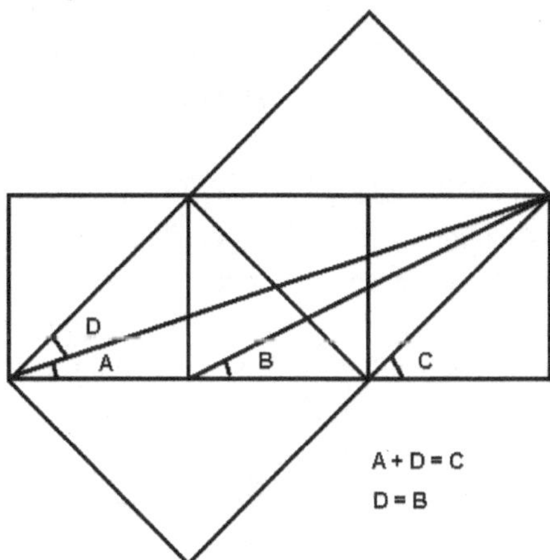

Solución con trigonometría: tgA=1/3, tgB=1/2, tgC=1.

$$tg(A+B) = \frac{tgA + tgB}{1 - tgAtgB} = \frac{1/3 + 1/2}{1 - 1/3 \, 1/2} = 1 = tgC.$$

Luego: A+B = C.

La resolución de acertijos numéricos requiere método y un poco de fantasía.

EL CEREZO

A un cerezo subí,

que cerezas tenía,

ni cerezas toqué,

ni cerezas dejé.

¿Cuántas cerezas había?

Solución. 2 cerezas.

**Resolviendo acertijos no debe Vd. confiarse nunca.
Puede haber trampas escondidas.**

EL FUMADOR TACAÑO Y EMPEDERNIDO

Un fumador compra dos paquetes de cigarrillos diarios.

Para no desperdiciar nada de tabaco, nunca tira las coli-llas, y con cada cinco se lía un nuevo cigarrillo.

¿Cuántos cigarrillos fuma al día?

Ojo: Nunca tira las colillas.

Solución. Comienza con 40 cigarrillos, de cuyas 40 colillas salen 8 más, de cuyas 8 colillas saca a su vez otro cigarrillo, y le sobran 3 colillas, que con la de este último cigarrillo serán 4 (y ya lleva fumados 49 cigarrillos). Pero, como nuestro fumador nunca tira ninguna colilla, le queda al menos una del día anterior, lo que permite completar un último cigarrillo (que a su vez le suministra-rá la colilla necesaria para el último cigarrillo del día siguiente).

La respuesta correcta no es, pues, 49, sino 50 cigarrillos.

El archivo (**Fumando colillas.xls**) contiene un modelo
hecho con EXCEL, para resolver este acertijo y otros similares.

Hay acertijos en los que parece faltar algún dato.

EL ADIVINO DE LA FERIA

Tres amigos deciden entrar juntos en una atracción de la feria, el precio es 2 euros por persona.

Se acercan a la taquilla y uno de ellos entrega 10 euros al cobrador, que le da tres entradas y 4 euros. de vuelta.

¿Cómo sabe el cobrador que los tres van juntos y, lo que es más, que el que ha dado los 10 euros pensaba pagar por sus dos compañeros?

¿Es correcta su deducción o se ha pasado de listo?

Solución. Hay un caso en el que el adivino no se pasa de listo.

Si el que paga le entrega 2 billetes de 5 euros.

En ese caso es obvio que quiere más de dos entradas, pues de lo contrario hubiera bastado con uno de los billetes.

EL PRECIO DEL LIBRO

Andrés y Berta quieren compran cada uno el libro de Historia. A Andrés le faltan 7 euros para poder comprarlo y a Berta un euro.

Si juntan el dinero que tienen ni siquiera pueden comprar un libro para los dos.

¿Cuál es el precio del libro?

Solución. El libro cuesta 7 euros.

Andrés no tenía dinero y Berta tenía 6 euros.

VAYA CAMINATA

Dos ancianas comienzan a andar al amanecer a velocidad constante. Una marcha de A a B y la otra de B a A.

Se encuentran a mediodía y, sin parar, llegan respectivamente a B a las 4 de la tarde y a A a las 9 de la noche.

¿Cuándo amaneció aquel día?

Solución. Amaneció a las 6 de la mañana. (Resuélvalo Vd.)

Hay acertijos en los que, a veces, sobran datos que desorientan.

LA SOMBRA DESCONOCIDA

En la figura adjunta el triángulo rectángulo tiene el vértice en el centro del cuadrado.
¿Cuál es el área de la parte sombreada?

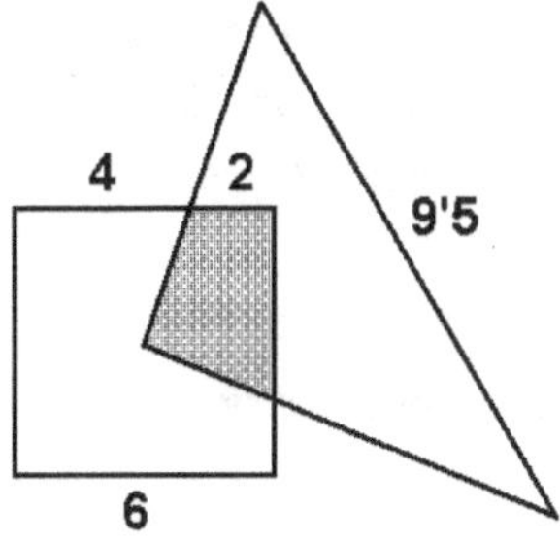

Solución. Observe que los triángulos sombreados de la figura son iguales por ser el triángulo rectángulo.

El área de la sombra es la cuarta parte del área del cuadrado.

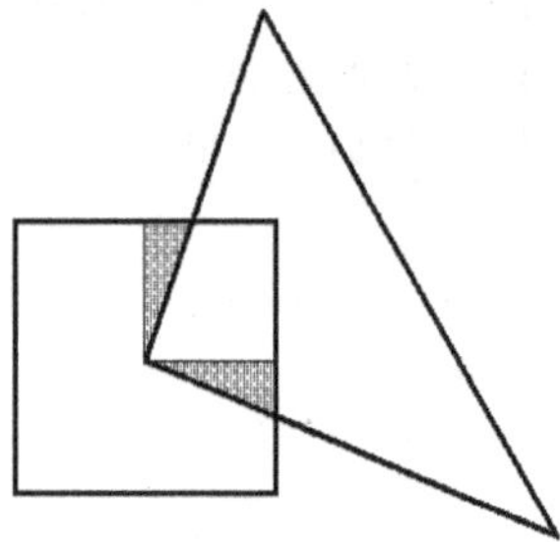

Es decir, 36/4 = 9.

EL GRAN CHOQUE

Dos naves espaciales siguen trayectorias de colisión frontal.

Una de ellas viaja a 8 km. por minuto y la otra a 12 km. por minuto.

Suponiendo que en este momento están exactamente a 5.000 km. de distancia, ¿cuánto distarán una de otra un minuto antes de estrellarse?

Solución. El dato de 5.000 km. es irrelevante, pues se pide la distancia a la que se encuentran antes de chocar, pero un minuto antes de chocar.

La distancia será: 8 + 12 = 20 km.

Hay acertijos que no necesitan ningún tipo de cálculo, solamente pensar un poquito.

EL RADIO DEL CÍRCULO

Teniendo en cuenta la figura, halle el radio del círculo.

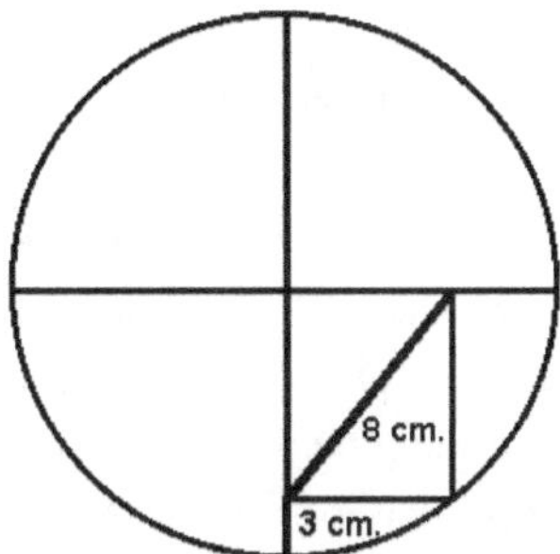

Solución. Dado que la diagonal de 8 cm. tiene la misma longitud que el radio del círculo, la respuesta es 8 cm.

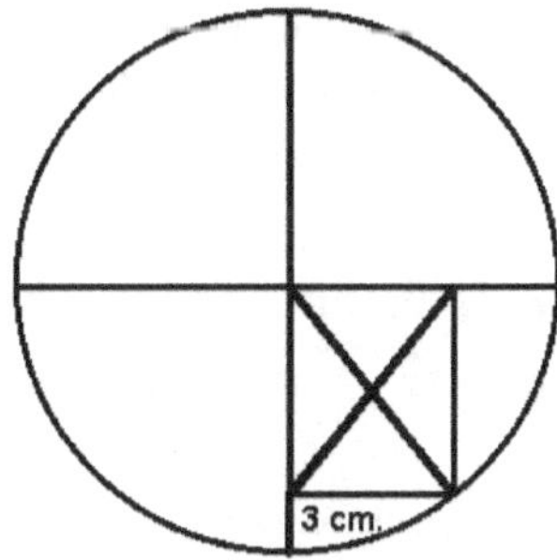

La mayor parte de la gente se hace con facilidad un lío en los acertijos relativos a velocidades medias.

Hay que tener mucho cuidado al calcularlas.

La velocidad media de cualquier viaje se calcula siempre dividiendo la distancia total por el tiempo total.

EL ESQUIADOR FRUSTRADO

Un esquiador sube en telesilla a 5 km/h.

¿A qué velocidad tendrá que descender esquiando para conseguir una velocidad de 10 km/h. en el recorrido total?

Solución. Cuesta creerlo, pero la única forma de que el promedio de subida y bajada alcanzase los 10 km/h., sería descender en tiempo nulo.

Al principio puede parecer que habrá que tener en cuenta las distancias recorridas al subir y bajar la ladera. Sin embargo, tal parámetro carece de importancia en este problema.

El esquiador asciende una cierta distancia, con una cierta velocidad. Desea descender con tal velocidad que su velocidad media en el recorrido de ida y vuelta sea doble que la primera. Para conseguirlo tendría que hacer dos veces la distancia primitiva en el mismo tiempo que invirtió en el ascenso.

Como es obvio, para lograrlo ha de bajar en un tiempo cero. Como esto es imposible, no hay forma de que su velocidad media pase de 5 a 10 kilómetros por hora.

En muchos acertijos es muy importante comprender exactamente lo que se pide hallar, antes de intentar calcularlo.

Si una primera interpretación conduce a contradicciones, o bien la pregunta carece de solución, o bien el acertijo no se ha comprendido correctamente.

OTRO LADRILLO

Si un ladrillo pesa 2 kg. y medio ladrillo, ¿cuánto pesa un ladrillo y medio?

Solución. Seis kg.

LA ALTURA DEL ÁRBOL

¿Qué altura tiene un árbol, que es 2 metros más corto que un poste de altura triple que la del árbol?

Solución. Si x=altura del árbol. x=3x-2, x=1 metro.

Algunas situaciones parecen ir contra la intuición.

Y no se trata de salir del paso diciendo que «si la realidad se opone a mis ideas, peor para la realidad».

La intuición, como la capacidad deductiva, puede ser afinada, educada...

Intentamos hacerlo a través de los siguientes 6 ejemplos.

EL CINTURÓN DE LA TIERRA

Imaginemos un cordel que envuelve como un cinturón ajustado la Tierra a lo largo de la línea del Ecuador.

Añadámosle un metro al cordel.

¿Cuán flojo queda ahora?

La intuición indicaría que la holgura que se obtiene es pequeñísima, ya que el metro agregado representa muy poco respecto a la circunferencia de la Tierra.

Más inquietante es pensar que si ajustamos un cordel alrededor de una naranja, y le agregamos luego un metro, la holgura que se consigue para la naranja es exactamente la misma que para la Tierra.

¿Será cierto?

Solución. Un sencillo cálculo confirma esta situación sorprendente.

Siendo R el radio de la esfera (la Tierra o la naranja), el cordel ajustado mide $2\pi R$.

Cuando le agregamos un metro, el cordel pasa a medir $2\pi R+1$.

El radio que tiene esta nueva circunferencia, será $(2\pi R+1)/2$.

La diferencia de radios nos da la holgura que es:

$1/2\pi = 15'91549...$ cm. en los dos casos.

¿Decía esto su intuición?

EL CORDEL Y EL CUADRADO

¿Qué pasaría si la Tierra fuese cuadrada?

Solución. La holgura es de 12'5 cm. en ambos casos.

¿Falló su intuición?

EL RIEL DILATADO

Imaginemos un tramo recto de riel, AB, de 500 m. de largo, aplanado sobre el suelo y fijado en sus dos extremos.

Bajo el calor del verano, el riel se expande 2 metros, provocándole una joroba.

Suponiendo que el riel se arquea en forma simétrica, ¿a qué altura cree usted que se levanta la joroba en el punto medio? ¿Diez centímetros? ¿Un metro? ¿Diez metros?

Solución. Como la longitud total del riel es ahora 502 metros, cada mitad tendrá 251 metros.

Aunque es evidente que la joroba adoptará una forma curva, podemos hacernos una idea de la situación suponiendo que son dos rectas, articuladas en el punto medio.

Bajo esta suposición obtenemos una estimación de la altura x aplicando el teorema de Pitágoras: $x = \sqrt{251^2 - 250^2} = 22$ metros.

Seguro que su intuición volvió a fallar.

EL PUENTE SIN DISPOSITIVO DE DILATACIÓN

Un puente metálico tiene un km. de longitud que debido al calor se dilata 20 cm.

Si no se hubiese previsto un medio de absorber esta dilatación, el puente se levantaría formando un triángulo isósceles de altura h.

La base sería el puente antes de la dilatación.

¿Cuánto vale h?

Solución. Diez metros.

La solución del problema es elemental, pero lo que sorprende es la magnitud de dicha solución.

Se trata de hallar el tercer lado de un triángulo rectángulo cuya hipotenusa mide 1000'2/2 = 500'1 m. y 500 m. uno de los catetos.

$$h = \sqrt{500'1^2 - 500^2} = 10 \text{ m.}$$

¿Falló la intuición?

LA COPA DE VERMUT

El camarero sirve a un cliente el vermut solamente hasta la mitad de la copa cónica como la adjunta.

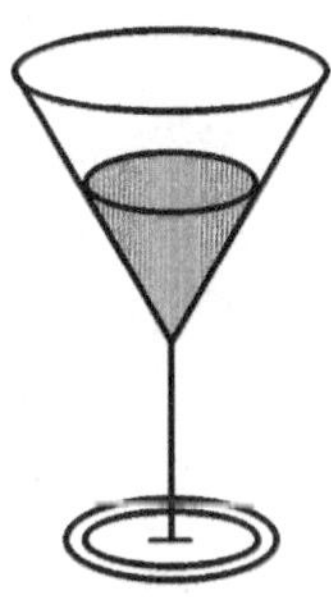

¿Qué cantidad de vermut beberá el cliente?

Solución. Beberá la octava parte de la capacidad de la copa.

Volumen total de la copa: $V = 1/3 \, \pi \, R^2 \, h$.

Vol. del líquido $= 1/3 \, \pi \, (R/2)^2 \, (h/2) = 1/8 \; 1/3 \, \pi \, R^2 \, h = 1/8 \, V$.

¿Decía esto su intuición?

MARCHANDO UN TUBO DE CERVEZA

La cerveza, en muchas ocasiones, se sirve en el tubo cilíndrico de cristal que todos conocemos.

¿Qué es mayor, la altura del tubo o la longitud de la circunferencia de las bases?

Solución. Aunque no lo parezca, es mayor la longitud de la circunferencia.

Si está Vd. en un bar puede comprobarlo con una servilleta de papel: mida con ella la altura y con el trozo obtenido intente rodear el tubo, verá que no es posible.

Seguro que su intuición volvió a fallar.

ALGUNAS HISTORIAS INGENIOSAS

Antes de comenzar con la lista numerada e interminable de acertijos, quiero mostrar dos perlas de ingenio.

HISTORIA DE UN POBRE BURRO

Kenny, un muchacho de la ciudad, le compró un burro a un viejo campesino por 100 dólares.

El anciano acordó entregarle el animal al día siguiente.

Pero, al día siguiente...

El campesino: *Lo siento, pero tengo malas noticias, el burro se ha muerto.*

Kenny: *Bueno, entonces devuélvame mi dinero.*

El campesino: *No puedo, ya me lo he gastado.*

Kenny: *No importa, entrégueme el burro.*

El campesino: *¿Y para qué? ¿Qué vas a hacer con él?*

Kenny: *Lo voy a rifar.*

El campesino: *¡Estás loco! ¿Cómo vas a rifar un burro muerto?*

Kenny: *Es que no le voy a decir a nadie que está muerto.*

Un mes después de este suceso, el campesino encontró nuevamente a Kenny, y...

El campesino: *¿Qué pasó con el burro?*

Kenny: *Lo rifé. Vendí 500 rifas a dos dólares cada una y gané 998 dólares.*

El campesino: *¿Y nadie se quejó?*

Kenny: *Sólo el ganador, a él le devolví sus 2 dólares.*

Kenny creció, y cuando fue mayor pasó a ocupar la dirección de la compañía ENRON.

UN ALUMNO MUY INGENIOSO

A un examen eliminatorio de inglés para la admisión en la Escuela Oficial de Idiomas, se presentaron más de 800 alumnos para cubrir un total de 90 plazas.

El examen duraba dos horas y cada alumno recibía una libreta azul.

El profesor, que era muy recto, anunció que si la libreta del examen no estaba sobre su pupitre después de dos horas exactamente, no se aceptaría y el alumno suspendería.

Media hora después de empezar el examen, un alumno entró a realizarlo y le pidió una libreta al profesor.

El profesor: *«No le va a dar a Vd. tiempo a terminarlo»*. (Y le dio la libreta)

El alumno: *«Sí que lo terminaré»*. (Se sentó y empezó a escribir)

Después de dos horas, el profesor pidió las libretas, y los alumnos, en fila, las entregaron. Todos menos el que había llegado tarde, que continuó escribiendo.

Media hora más tarde, este se acercó a la mesa del profesor e intentó poner su libreta encima de las que ya estaban recogidas.

El profesor: *«Ni lo intente, no puedo recogérsela. Ha terminado Vd. tarde»*.

El alumno: (Mirándolo furioso e incrédulo) *«¿Sabe Vd. quién soy?»*.

El profesor: (Con un tono de voz sarcástico) *«No, no tengo ni idea»*.

El alumno: (Apuntándose a su propio pecho con su dedo y arrimándose al profesor de manera intimidante) *«¿De verdad, no sabe Vd. quién soy?»*.

El profesor: (Con un aire de superioridad) *«No lo sé, ni me importa»*.

El alumno: *«Bueno, pues me parece muy bien»*. (Perdió su libreta entre las demás y se marchó de la clase)

Ahora se muestran dos perlas muy ingeniosas del muy pícaro profesor Manso.

QUE VIENE EL INSPECTOR

El profesor Manso está muy preocupado porque la próxima semana recibirá la visita del inspector que evaluará el nivel de conocimiento de sus alumnos.

Piensa que la suerte está echada, pues, con la panda de zoquetes que le han tocado este curso no hay nada que hacer. Pero, tras una profunda reflexión decide tomar cartas en el asunto.

La siguiente semana, el inspector se presentó como había anunciado.

Prof. Manso: *Buenos días, inspector. Aquí tiene a todos mis alumnos. ¡Pregunte, pregunte lo que quiera!*

Inspector: *Buenos días. ¿Qué país tiene forma de bota?*

Los cuarenta alumnos levantaron la mano al mismo tiempo, queriendo contestar.

Prof. Manso: *A ver, García.*

García: *Italia, señor.*

Inspector: *¿Cuál es el logaritmo neperiano de e?*

Los cuarenta alumnos levantaron la mano al mismo tiempo, queriendo contestar.

Prof. Manso: *Estrada, responde.*

Estrada: *Uno, señor.*

Inspector: *¿Quién escribió 'La vida es sueño'?*

Los cuarenta alumnos levantaron la mano al mismo tiempo, queriendo contestar.

Después de treinta preguntas, el inspector se dio por vencido. Todo el mundo levantaba la mano, todo el mundo quería contestar a sus preguntas, y cada vez el profesor Manso escogía a un alumno distinto, pero fuese quien fuese este nunca fallaba.

Inspector: *Felicidades, profesor Manso. En 35 años de profesión no he conocido clase alguna con un nivel como la suya. Debe ser un orgullo trabajar con unos alumnos tan disciplinados.*

En ese momento el profesor Manso esbozó una pícara sonrisa.

¿Es posible que el profesor Manso en una semana pudiera preparar a la panda de 40 zoquetes tan a conciencia como para no fallar ninguna pregunta del inspector?

(La respuesta en "Las soluciones")

EL REVENTÓN DEL NEUMÁTICO

Cuatro amigos de la Universidad se fueron de juerga el fin de semana antes de los exámenes finales. Se lo pasaron bomba. Pero después de tanta fiesta durmieron su "resaca" todo el domingo y no regresaron a casa hasta el lunes por la mañana. En lugar de entrar al examen final, decidieron que al terminar el examen hablarían con el profesor Manso y le explicarían la razón por la cual no habían acudido.

Le explicaron que habían ido de viaje el fin de semana y planeaban regresar para estudiar, pero desafortunadamente, les reventó una rueda del coche cuando regresaban, no tenían herramientas y nadie les había querido ayudar. Como resultado de la aventura, perdieron el examen final.

El profesor Manso lo pensó, pero acordó hacerles el final al día siguiente. Los cuatro amigos estaban eufóricos. Estudiaron toda la noche y se presentaron la mañana siguiente. El profesor Manso les puso en salones separados y entregó a cada uno el test para que comenzaran. Vieron el primer problema, valía 5 puntos y era muy sencillo sobre la historia del mercadeo. "¡Excelente!", pensó cada uno de ellos en su salón separado, "¡Esto va a ser facilísimo!".

Cada uno terminó el problema y dieron la vuelta a la hoja, en la segunda página sólo había una cuestión:

"Por 95 puntos: ....**".**

Con esta pregunta el profesor Manso demostró que lo del reventón era una trola.

¿Cuál era la pregunta que valía 95 puntos?

(La respuesta en "Las soluciones")

La siguiente historia viene a cuento para demostrar, que el muy ingenioso y pícaro profesor Manso, a veces, también se despista.

LOS INCONVENIENTES DE SER DESPISTADO

Es bien sabido que en cualquier grupo de al menos 23 personas, la probabilidad de que al menos dos de ellas cumplan años el mismo día es mayor del 50%.

En cierta ocasión el profesor Manso estaba dando clase de matemáticas a unos universitarios, y estaba explicando la teoría elemental de probabilidad. Explicó a la clase que con 30 personas en lugar de 23, la probabilidad de que al menos dos de ellos cumpliesen años el mismo día sería muchísimo mayor.

Prof. Manso: *Como en esta clase sólo hay diecinueve estudiantes, la probabilidad de que dos de vosotros cumpláis años el mismo día es mucho menor del 50%.*

En ese momento un alumno levantó la mano y dijo:

Alumno: *Le apuesto una merienda para todos que al menos dos de los que estamos aquí cumplimos años el mismo día.*

Prof. Manso: *No estaría bien que aceptase la apuesta, porque las probabilidades estarían claramente a mi favor.*

Alumno: *No me importa. ¡Se lo apuesto de todas formas!*

Prof. Manso: *De acuerdo.*

El profesor Manso aceptó la apuesta, pensando en dar al chico una buena lección. Procedió a llamar uno a uno a los estudiantes para que dijeran el día de su cumpleaños hasta que, cuando iban por la mitad, tanto la clase como el profesor Manso estallaron en carcajadas motivadas por el despiste del profesor.

Observación. El chico que con tanta seguridad había hecho la apuesta no sabía el día de nacimiento de ninguno de los presentes, excepto el suyo propio.

¿Sabe Vd. por qué se mostraba tan seguro?

(La respuesta en "Las soluciones")

La actitud creativa es la acción inteligente que nos permite superar los conflictos con la riqueza de alternativas que nos ofrece cada situación.

La siguiente historia muestra como la actitud creativa termina con los lamentos y las excusas.

EL DICHOSO CORCHO

Hace años, un inspector visitó una escuela primaria. En su recorrido observó algo que le llamó poderosamente la atención, una maestra estaba atrincherada en la parte trasera del aula, los alumnos tenían un gran desorden; el cuadro era caótico. Decidió presentarse:

El inspector: *Con permiso, soy el inspector. ¿Algún problema?*

La maestra: *Estoy abrumada señor, no sé qué hacer con estos chicos. No tengo láminas, el Ministerio no me manda material didáctico, no tengo nada nuevo que mostrarles ni qué decirles.*

El inspector, que era docente de vocación, vio un corcho en el desordenado escritorio. Lo tomó y con aplomo se dirigió a los chicos:

El inspector: *¿Qué es esto?*

Los alumnos: *Un corcho.*

El inspector: *Bien, ¿de dónde sale el corcho?*

Los alumnos: *De la botella señor, lo coloca una máquina, del alcornoque, de un árbol, de la madera...*

El inspector: *¿Y qué se puede hacer con madera?*

Los alumnos: *Sillas, una mesa, un barco...*

El Inspector: *Bien, tenemos un barco. ¿Quién lo dibuja? ¿Quién pinta un mapa en la pizarra y coloca el puerto más cercano para nuestro barquito? Escriban a qué provincia pertenece. ¿Y cuál es el puerto más cercano? ¿Qué poeta conocen que nació allí? ¿Qué produce esta región? ¿Alguien recuerda una canción de este lugar?*

Y así comenzó una tarea de geografía, de historia, de música, economía, literatura, religión, etc.

La maestra quedó impresionada. Al terminar la clase le dijo conmovida:

La maestra: *Señor, nunca olvidaré lo que me enseñó hoy. Muchas gracias.*

Pasó el tiempo. El inspector volvió a la escuela y buscó a la maestra. Estaba acurrucada en la parte trasera de su escritorio, los alumnos otra vez en total desorden.

El inspector: *Señorita, ¿qué pasa? ¿No se acuerda de mí?*

La maestra: Sí señor. ¡Cómo olvidarme! Qué suerte que regresó. No encuentro el corcho por ningún sitio. ¿Dónde lo dejó?

(Extraído de "Cuentos para regalar a personas inteligentes...")

Y hablando de creatividad, el siguiente dilema moral se utilizó en una entrevista de trabajo.

PENSAR CREATIVAMENTE

Imagine que va Vd. conduciendo su coche en una noche de tormenta terrible. Pasa por una parada de autobús donde se encuentran tres personas esperando:

- Una anciana que parece a punto de morir.
- Un viejo amigo que le salvó la vida una vez.
- La mujer de sus sueños.

¿A cuál subiría en su coche, habida cuenta que sólo tiene sitio para un pasajero?

Podría llevar a la anciana, porque va a morir y por lo tanto debería salvarla primero; o podría llevar al amigo, ya que le salvó la vida una vez y está en deuda con él. Sin embargo, tal vez nunca vuelva a encontrar a la mujer de sus sueños.

El aspirante que fue contratado, de entre 200 candidatos, no dudó al dar su respuesta.

¿Qué cree Vd. que contestó?

(La respuesta en "Las soluciones")

La siguiente historia muestra que hay que meditar y razonar antes de tomar decisiones para no tener que arrepentirnos después.

EL CAMARERO, EL BROMISTA Y EL 13

En una cafetería, allá por los años 80, un camarero temía la llegada de cierto cliente impertinente y bromista, siempre con la misma "gracia".

- Buenos días. Ponme un café con leche.

- Sí señor.

- ¿Qué te debo?

- Trece pesetas, señor.

El cliente llevaba preparado dinero suelto: trece monedas exactamente de una peseta; y pagaba lanzándolas de una en una a lo largo de toda la barra de la cafetería, lo que obligaba al pobre camarero a recogerlas con paciencia.

- Una, dos, tres, cuatro... -contaba el cliente mientras esparcía las monedas-.

Pero llegó el día en el que el camarero creyó poder vengarse del cliente.

- Buenos días. Ponme un café con leche.

- Sí señor.

- ¿Qué te debo?

- Trece pesetas, señor.

En ese momento el camarero ve, no sin asombro, que el cliente deposita sobre la barra una moneda de 25 pesetas.

¡Esta es la mía! -pensó el camarero-. Recogió la moneda de 25 y le dio el cambio de doce pesetas, de este modo:

- Unaaaaaa, dooooosss, treeeesss... -al tiempo que las esparcía por toda la barra, tal y como siempre hiciera el cliente-.

Con sonrisilla maliciosa, una vez terminado el esparcimiento de monedas por parte del camarero, el cliente metió su mano en el bolsillo con cierta parsimonia, sacó una moneda de una peseta y poniéndola en la barra dijo:

- Por favor camarero, ponme otro café con leche.

A continuación quiero mostrar también algunas perlas ingeniosas clásicas y otras no tan clásicas.

EL JUGLAR DE LOS TRES ACERTIJOS

Hubo hace muchísimos años un rey tan caprichoso y cruel que se complacía en convocar frecuentemente a sus vasallos para someterlos a pruebas de ingenio. ¡Pobre de aquel que no acertara! La pena más leve no bajaba de los cien azotes.

Una vez apareció en el reino cierto juglar habilidoso y listo. El monarca lo mandó llamar y le dijo: *«Has entrado sin permiso en mis dominios. Te espera la muerte en la horca. Solamente te librarás de ella si encuentras la solución de estos tres acertijos».*

Asintió el pobre juglar encomendándose a Dios. El rey dijo su primer acertijo: *«¿Cuánto valgo yo?».*

El juglar: Veintinueve dinares, pues, a Jesús lo vendieron por treinta.

«¡Está bien! Ahora dime: ¿cuántos años, meses y días se tarda en dar la vuelta al mundo?».

El juglar: El que pueda montar en el carro del sol, tardará un día entero, ni más ni menos.

El rey aprobó la respuesta y enunció el tercero y último acertijo. *«¿Cuántas estrellas hay en el cielo?».*

¿Qué contestó el juglar para librarse de la horca?

(La respuesta en "Las soluciones")

EL CONDENADO A MUERTE

En los tiempos de la antigüedad la gracia o el castigo se dejaban frecuentemente al azar. Así, este es el caso de un reo al que un sultán decidió que se salvase o muriese sacando al azar una papeleta de entre dos posibles: una con la sentencia "muerte", la otra con la palabra "vida", indicando gracia. Lo malo es que el Gran Visir, que deseaba que el acusado muriese, hizo que en las dos papeletas se escribiese la palabra "muerte".

¿Cómo se las arregló el reo, enterado de la trama del Gran Visir, para estar seguro de salvarse?

Al reo no le estaba permitido hablar y descubrir así el enredo del Visir.

(La respuesta en "Las soluciones")

La historia que se narra a continuación dicen que ocurrió en la Grecia antigua.

EL MAESTRO Y EL ALUMNO

Un maestro en sabiduría, el sofista Protágoras, se encargó de enseñar a un joven todos los recursos del arte de la abogacía. El maestro y el alumno hicieron un contrato según el cual el segundo se comprometía a pagar al primero la retribución correspondiente en cuanto se revelaran por primera vez sus éxitos, es decir, inmediatamente después de ganar su primer pleito.

El joven cursó sus estudios completos. Protágoras esperaba que le pagase, pero el alumno no se apresuraba a tomar parte en juicio alguno. ¿Qué hacer? El maestro, para conseguir cobrar la deuda, lo llevó ante el tribunal. Protágoras razonaba así: si gano el pleito me tendrá que pagar de acuerdo con la sentencia del tribunal; si lo pierdo y, por consiguiente lo gana él, también me tendrá que pagar, ya que, según el contrato, el joven tiene la obligación de pagarme en cuanto gane el primer pleito.

El alumno consideraba, en cambio, que el pleito entablado por Protágoras era absurdo. Por lo visto, el joven había aprendido algo de su maestro y pensaba así: si me condenan a pagar, de acuerdo con el contrato no debo hacerlo, puesto que habré perdido el primer pleito, y si el fallo no es favorable al demandante, tampoco estaré obligado a abonarle nada, basándome en la sentencia del tribunal.

Llegó el día del juicio. El tribunal se encontró en un verdadero aprieto. Sin embargo, después de mucho pensarlo halló una salida y dictó un fallo que, sin contravenir las condiciones del contrato entre el maestro y el alumno, le daba al primero la posibilidad de recibir la retribución estipulada.

¿Cuál fue la sentencia del tribunal?

(La respuesta en "Las soluciones")

La siguiente ocurrió en la antigua Bagdad.

EL BURRO DE HAKIM

Hakím era un vendedor de sal en la antigua vieja Bagdad. Cada día iba desde su casa al mercado con dos sacos de sal atados a las partes laterales de su burro. Un día caluroso, al atravesar el Tigris, el burro tropezó y se hundió en el agua fresca del río. Cuando el burro salió del río, Hakím notó que mucha sal se había disuelto y la carga, por tanto, era considerablemente más ligera para el burro. A partir de entonces, Hakím no podía evitar que el burro se zambullera en el río diariamente y arruinara parte de su carga de sal.

Pero, pensando y pensando, un día cargó el burro como de costumbre y, como de costumbre, el animal se hundió en el río. Entonces aprendió la lección y ya nunca más intentó zambullirse.

¿Qué hizo Hakím?

(La respuesta en "Las soluciones")

Termino con una adaptación del acertijo lógico "El burlador burlado" que figura en el libro "¿Cómo se llama este libro?" de Raymond Smullyan de ed. Cátedra.

DE VACILÓN A VACILADO

Siempre me ha gustado entretener a los niños pequeños. A mis dos sobrinos de 7 y 5 años, Daniel y Raúl, solía hacerles juegos de magia de todo tipo, especialmente con las cartas de la baraja. Habían cogido tal vicio, que nada más de entrar en su casa, me pedían que les hiciera algún truco.

Un día, al llegar, les dije:

Tengo un truco con el que os puedo convertir a los dos en leones.

Daniel: Vale, conviértenos en leones.

Bueno, puedo convertiros en leones, pero no lo voy a hacer porque luego no podría volver a convertiros en niños.

Raúl: Es igual, tú conviértenos en leones de todas formas.

De verdad, luego no hay forma de desconvertiros.

Daniel: ¿Y cómo haces para convertirnos en leones?

Pues, pronunciando unas palabras mágicas.

Raúl: ¿Y cuáles son las palabras mágicas? Dínoslas.

Si os las digo tendría que pronunciarlas y entonces os convertiría en leones.

Daniel y Raúl: *(Pensando un momento)* Pero, ¿no hay otras palabras mágicas que sirvan para desconvertir?

Claro que las hay, pero si digo las primeras palabras mágicas os convertiríais en leones, pero no sólo vosotros sino todo el mundo, incluido yo, y como los leones no saben hablar no quedará nadie en el mundo que pudiera decir las otras palabras mágicas para desconvertirnos.

Daniel: Pues, escríbelas.

Raúl: Jo, yo no sé leer.

Incluso escritas convertirían a todo el mundo en león.

Daniel y Raúl: ¡Ahhhh!

Al cabo de dos días, Daniel me llamó por teléfono y me dijo: *«Tío, soy Daniel, quiero preguntarte una cosa que me trae de cabeza desde el otro día, ¿cómo hiciste tú para aprender las palabras mágicas?»*.

LOS ACERTIJOS

1. PENDIENTE EN EL CAFÉ.

Esta mañana se me cayó un pendiente en el café.
Aunque la taza estaba llena, el pendiente no se mojó.
¿Cómo es posible?

2. OLVIDAR EL CARNET DE CONDUCIR.

Una señora se dejó olvidado en casa el permiso de conducir, no se detuvo en un paso a nivel, despreció una señal
de dirección prohibida y viajó tres bloques en dirección
contraria por una calle de sentido único.

Todo fue observado por un agente de circulación, quien,
sin embargo, no hizo el menor intento para impedírselo.

¿Por qué?

3. REGALO DE REYES.

Carlos y Daniel comenzaron el año con sólo 6 euros cada
uno.

No pidieron prestado ni robaron nada.

El día de Reyes de ese mismo año tenían más de 6 millones de euros entre los dos.

¿Cómo lo hicieron?

4. DOS LATAS CON AGUA.

Tenemos dos latas llenas de agua y un gran recipiente
vacío.

¿Hay alguna manera de poner toda el agua dentro del recipiente grande de manera que luego se pueda distinguir que agua salió de cada lata?

5. MAGIA CON SEIS NÚMEROS.

Dado un número de 6 cifras, sumamos sus cifras por parejas y anotamos debajo sólo la cifra de las unidades del resultado.

Seguimos el mismo proceso con el resultado hasta conseguir un número de una sola cifra.

Ejemplos:

```
3  4  1  6  8  5        5  1  3  5  4  7
  7  5  7  4  3            6  4  8  9  1
    2  2  1  7              0  2  7  0
      4  3  8                2  9  7
        7  1                  1  6
          8                    7
```

Antes de comenzar a sumar hay que predecir el número que quedará al final.

¿Sabría Vd. hacer tal predicción?

El archivo (**Magia con seis números.ppt**) contiene este acertijo.
El archivo (**Magia con seis números.xls**) contiene este acertijo.

6. SALVARSE DE LA QUEMA.

Situémonos en una isla pequeña de vegetación abundante, la cual está rodeada de tiburones.

Si un lado de la isla comienza a arder, y el viento está a favor del fuego. ¿cómo haremos para salvarnos de ese infierno?

7. CAMINAR SOBRE LAS AGUAS.

El reverendo Aceves anunció que cierto día, a cierta hora, realizaría un gran milagro: durante veinte minutos caminaría sobre la superficie del río Guadalquivir sin hundirse en sus aguas.

Una gran muchedumbre se apiñó para presenciar la hazaña.

El reverendo Aceves realizó exactamente lo que afirmó que haría.

¿Cómo pudo apañárselas?

8. ADIVINO EN EL FÚTBOL.

Uria Fuller, famoso por sus proezas psíquicas, es capaz de decir el tanteo de un partido de fútbol antes de que comience el encuentro.

Hasta ahora nunca ha fallado.

¿Será posible que acierte siempre?

9. EL TÚNEL Y LOS TRENES.

En una línea de ferrocarril, el tendido tiene doble vía excepto en un túnel, que no es lo bastante ancho para acomodar ambas. Por ello, en el túnel la línea es de vía simple.

Una tarde, entró un tren en el túnel marchando en un sentido, y otro tren entró en el mismo túnel, pero en sentido contrario.

Ambos iban a toda velocidad; y sin embargo no llegaron a colisionar.

¿Sabría Vd. explicar por qué?

10. LOS CANALES DE MARTE.

He aquí un mapa de las recién descubiertas ciudades y canales de nuestro planeta vecino más cercano, Marte.

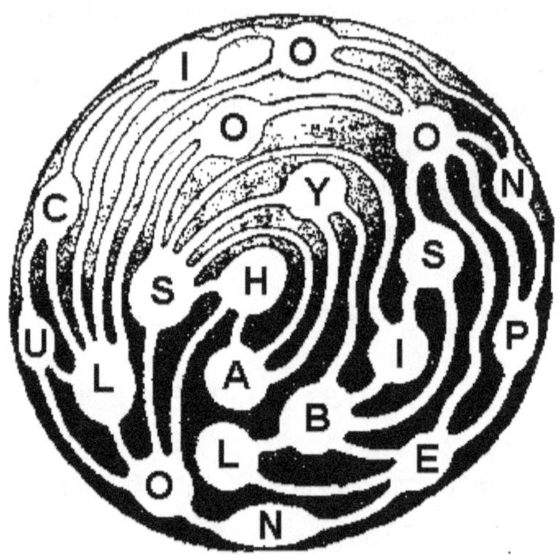

Comience en la ciudad marcada con una N, en el polo Sur, y vea si puede deletrear una oración completa recorriendo todas las ciudades, visitándolas sólo una vez y regresando al punto de partida.

Cuando este acertijo apareció en una revista por vez primera, más de 50.000 lectores dijeron: *«No hay solución posible»*. Sin embargo, es un acertijo muy simple.

[Extraído de "Los Acertijos de Sam Loyd" (Martín Gardner)]
El archivo (**Los canales de Marte.ppt**) contiene
una presentación con este acertijo.

11. EL VENDEDOR VERÍDICO.

«Este lorito es capaz de repetir todo lo que oiga», le aseguró a la señora el dueño de la pajarería.

Pero, una semana después, la señora que lo compró estaba de vuelta en la tienda, protestando porque el lorito no decía ni una sola palabra.

Sin embargo, el vendedor no había mentido.

¿Podrá Vd. explicarlo?

12. LA BOTELLA Y EL CORCHO.

Una botella de vino, taponada con un corcho, está llena hasta la mitad.

¿Qué podemos hacer para beber el vino sin sacar el corcho ni romper la botella?

13. EN EL REFUGIO.

Al entrar una noche de mucho viento en un refugio de montaña, se encuentra Vd. con que tiene una sola cerilla y hay, sobre la mesa una vela, y en la chimenea una tea.

¿Qué encendería primero?

14. EL COCHE ESTACIONADO.

En una carretera recta, un coche estacionado apunta hacia el oeste.

Usted sube y empieza a conducir.

Después de andar un rato, descubre que se encuentra a un km. al este del punto de partida.

¿Cómo puede ser?

15. TRIÁNGULO CON TRES BOLAS.

Con 6 bolas de billar, numeradas del 1 al 6, ¿será posible construir un triángulo invertido, utilizando todas las bolas, de tal modo que el valor de las bolas inferiores sea la diferencia en valor absoluto de las dos superiores?

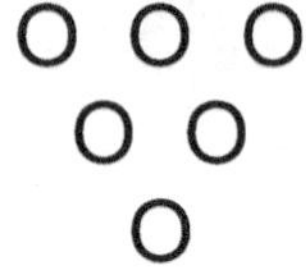

El archivo (**Triángulo con 3 bolas.xls**) contiene este acertijo.

16. UNA HISTORIA DE CAMA.

Por asuntos de trabajo, Esteban viajó al extranjero y regresó dos meses después.

Como al entrar en su casa encontró a su mujer compartiendo la cama con un desconocido, se alegró mucho.

¿Cómo se explica?

17. EL TAXISTA ERA MUY VIVO.

Una señora ha tenido la rara fortuna de encontrar taxi libre. De camino, la señora resultó tan charlatana, que el taxista casi pierde la paciencia.

Taxista: Lo siento mucho señora, pero, no oigo nada de lo que me dice. Soy sordo como una tapia y mi audífono se ha estropeado.

Al enterarse la pasajera cortó la cháchara. Mas apenas bajó del taxi se dio cuenta de que el taxista no había dicho la verdad.

¿Cómo pudo darse cuenta?

18. PARTIDA DE TUTE INTERRUMPIDA.

Llevando dadas aproximadamente la mitad de las cartas, la persona que repartía en una partida de tute tuvo que ir a contestar el teléfono.

Al volver a la mesa nadie recordaba quién recibió carta por última vez.

Sin saber el número de cartas de ninguna de las manos parcialmente repartidas, ni el número de las que faltan por repartir todavía, ¿cómo se podrá proseguir el reparto, de forma que cada jugador reciba exactamente las mismas cartas que le habrían correspondido de no haberse producido la interrupción?

19. ASESINATO EN SIERRA NEVADA.

Cuando Carlos llegó a Marbella, las cabeceras de los diarios estaban dedicadas a uno de los play-boys locales. Su mujer y él habían estado esquiando en Sierra Nevada.

La mujer había muerto a consecuencia de un accidente en la montaña. Y el único que la vio despeñarse por un precipicio fue su famoso marido.

Pero, un empleado de una agencia de viajes de Marbella telefoneó a la policía. El play-boy fue detenido como sospechoso de asesinato. Los periodistas quedaron muy sorprendidos por sus declaraciones.

Empleado: No conozco ni a ese señor ni a su esposa. Y no tuve ninguna sospecha hasta que me enteré del accidente.

¿Por qué llamó entonces a la policía?

20. LA ISLA Y LA CUERDA.

La figura adjunta muestra una laguna circular de 300 metros de diámetro, con un islote en el centro.

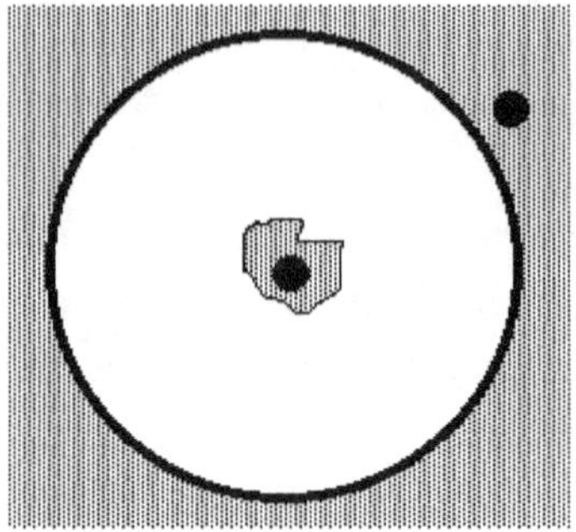

Los dos puntos negros son árboles.

Una persona, que no sabe nadar, necesita llegar al islote; dispone para ello de una fuerte cuerda de más de 300 metros de largo.

¿Cómo podrá arreglárselas?

21. CONOCER LA CONSTITUCIÓN.

Al tener un régimen democrático, el primer deber cívico de los españoles es conocer la Constitución y su interpretación correcta. ¿La conoce Vd.?

El artículo 157, que habla de los recursos de las Comunidades Autónomas, establece en su apartado d), que pasarán a formar parte de dichos recursos los "rendimientos procedentes de su patrimonio e ingresos de derecho privado".

¿Puede una persona, viviendo en Barcelona, ser enterrada en Madrid sin permiso especial de la Administración de la Generalitat?

22. CONVERSACIÓN TELEFÓNICA ILÓGICA.

Suena el teléfono en casa.

Mi mujer: Buenos días, dígame.

Interlocutor: Buenos días. ¿Puedo hablar con su marido?

Mi mujer: Ha salido. ¿Quién lo llama?

Interlocutor: José Szcrych. Él tiene mi número de teléfono.

Mi mujer: No comprendí su apellido. ¿Podría deletreármelo?

Interlocutor: Szcrych. S de sol, Z de zapato, C de cloro, R de...

Mi mujer: Perdón, ¿c de qué?

Interlocutor: De cloro. R de razón, Y de yunta, CH de chaleco.

Mi mujer: Gracias, señor.

Sorprendido, mi hijo Carlos que escuchó el diálogo anterior, nos hizo notar que en la conversación había ocurrido algo totalmente ilógico.

¿Puede Vd. descubrir de qué se trataba?

23. EL GORRIÓN DEL BLOQUE DE HORMIGÓN.

Unos obreros están preparando hormigón para los cimientos de un edificio.

Uno de los grandes bloques de cemento tiene un pequeño agujero de sección rectangular y unos 2 metros de profundidad.

En él ha caído un polluelo de gorrión.

El agujero es demasiado estrecho para poder colar el brazo; además, el pajarillo se ha hundido tanto que resulta imposible alcanzarlo con la mano.

Si intentásemos sujetar al pajarillo con dos palos largos podríamos herirlo.

¿Se le ocurre a Vd. algún método para sacar el pájaro del agujero?

24. SOBRE UNA HOJA DE PERIÓDICO.

¿Cómo pueden permanecer dos personas en pie sobre una hoja de periódico a un mismo tiempo, sin que puedan tocarse, aunque quisieran?

Naturalmente, no se puede pisar fuera del periódico.

25. LOS CUATRO DE LA FAMILIA.

La ficha adjunta contiene los nombres de cuatro personas de una misma familia.

```
GERMAN
MANUEL
MARISA
ISABEL
```

Es muy fácil separar unos nombres de otros mediante tres líneas rectas.

```
GERMAN
MANUEL
MARISA
ISABEL
```

Pero, ¿sabría Vd. separarlos con sólo dos líneas rectas?

El archivo (**Los cuatro de la famiia.ppt**) contiene
una presentación con este acertijo.

26. UN SABIO SECUESTRADO.

Dos organizaciones clandestinas de ámbito internacional, pretenden secuestrar a un famoso sabio. La primera de ellas piensa ocultarlo en algún lugar de Argentina y la segunda, en un recóndito paraje italiano.

El sabio, a pesar de que conocía estos proyectos, es capturado al salir de su laboratorio y conducido, con los ojos vendados y en estado inconsciente, a la guarida de sus secuestradores. Cuando vuelve a la realidad, el sabio se halla en una habitación sin ventanas al exterior, cuyo mobiliario se reduce a una mesa, una silla y una cama, y por servicio, sólo cuenta con un lavabo.

-¿Dónde estoy?- se preguntó.

Medita unos segundos, realiza una breve comprobación y sonríe. Silbando un antiguo tango, se dispone a descansar. Ya sabe donde se encuentra.

¿Cómo cree usted que lo adivinó?

27. LA CUERDA MISTERIOSA.

Un preso intenta escapar de la cárcel por una ventana de una torre que está a 60 metros de altura.

Sólo dispone de una cuerda muy resistente de aproximadamente 30 metros.

Si ata la cuerda a los barrotes de la ventana, se desliza 30 metros y después salta los restantes 30 metros se haría papilla.

Entonces, dividió la cuerda en dos, hizo un nudo con ambas mitades y consiguió su propósito.

¿Cómo cree Vd. que pudo ser?

28. LA CAÍDA FRUSTRADA POR LA CAÍDA.

Un sabio pretende medir el tiempo de caída de un objeto, soltándolo libremente desde un ascensor que se mueve hacia arriba.

A la altura del quinto piso y tras dejarlo caer, el pequeño objeto verde queda flotando a dos palmos del investigador.

¿Cuál fue la explicación que encontró el sabio para tan extraordinario suceso?

29. MATEMÁTICAS E INVESTIGACIÓN CRIMINAL.

El Sr. Fernández se dio cuenta, al llegar a su oficina, que se había dejado, entre las páginas del libro que estaba leyendo, un billete de 500 euros.

Preocupado, no fuese a extraviarse, llamó a su casa y dijo a la doncella que le diese el libro que contenía el billete, a su chófer, que iría a recogerlo.

Cuando el chófer se lo trajo, el billete había desaparecido.

Al tomar declaración al chófer y a la doncella, esta última dijo que comprobó personalmente que el billete estaba dentro del libro cuando se lo dio al chófer, precisamente entre las páginas 99 y 100.

A su vez el chófer declaró que al darle el libro la doncella él miró el reloj y vio que eran las 9'30 horas, dirigiéndose a la oficina del Sr. Fernández, situada a 500 m., adonde llegó a las 9'45 horas.

¿Quién miente de los dos?

30. EL DADO DE LAS LETRAS.

Un juego que consiste en formar palabras, utiliza dados con una letra en cada cara. Uno de estos dados se ve en la figura en tres posiciones.

¿Qué letra está en la cara opuesta a la que ocupa la H?

31. LANZANDO LA PELOTA DE TENIS.

¿Cómo lanzar una pelota de tenis de forma que recorra una pequeña distancia, se detenga y regrese por el camino de ida?

32. SEIS JUGADORES EXPULSADOS.

En un partido de fútbol entre los equipos A y B se llegó al descanso con el resultado de 3-2 a favor del equipo A que jugaba en casa.

En el minuto 10 del segundo tiempo el árbitro sancionó como penalti a favor del equipo B una jugada dudosa.

Debido a las protestas que ocasionó tal jugada fueron expulsados 5 jugadores del equipo A.

Como el encuentro formaba parte del boleto quinielístico, ¿cuál cree Vd. que fue el signo para la quiniela al final del partido?

33. ARRANCANDO HOJAS (1).

Un lector de un libro estaba tan enojado que arrancó las páginas 6, 7, 84, 85, 111 y 112.

¿Cuántas hojas arrancó en total?

34. ARRANCANDO HOJAS (2).

En una revista se arrancan las dos dobles hojas que comprenden las páginas 21, 22, 83 y 84.

¿Cuántas páginas tiene la revista?

35. MOROS Y CRISTIANOS.

Tras la batalla, el sultán Aben-Hazzar, mandó a su Gran Visir reunir a los 15 prisioneros cristianos y a otros 15 moros, con objeto de arrojar al mar a la mitad de ellos.

"Colócalos en círculo y contando de 9 en 9, arroja al agua al que le toque cada vez".

El Gran Visir, que odiaba a los moros, colocó a los 30 prisioneros de tal forma que salvó a los 15 cristianos.

¿Cómo los colocó?

a) Si solamente hubiera 10 cristianos y 2 moros, contara de 3 en 3 y quisiera salvar a los 10 cristianos, ¿cómo los colocaría?

b) Si hubiera 4 cristianos, 8 moros (4 hombres y 4 mujeres), contara de 5 en 5, quisiera salvar sólo a los 4 cristianos y arrojar al mar primero a los 4 moros hombres y después a las 4 mujeres, ¿cómo los colocaría?

El archivo (**Moros y cristianos.ppt**) contiene
una presentación con este acertijo.

36. EL CARACOL SUBE POR EL PALO.

Un caracol sube por un palo de 20 metros de altura, ascendiendo 3 metros durante el día y resbalando 2 metros por la noche.

¿Cuánto tarda en llegar a la punta del palo?

37. APAGAR LA LUZ.

El otro día conseguí apagar la luz de mi dormitorio y meterme en la cama antes de que la habitación quedase a oscuras.

Hay tres metros desde la cama al interruptor de la luz.
¿Cómo pude apañármelas?

38. LEYENDO A OSCURAS.

Una noche, aunque mi tío estaba leyendo un libro apasionante, su mujer le apagó la luz.

La sala estaba oscura como el carbón, pero mi tío siguió leyendo sin inmutarse.

¿Cómo es posible?

39. EL HOMBRE QUE BAJA DEL ASCENSOR.

Un hombre vive en el piso 25 de una casa que tiene 30 pisos.

Todas las mañanas, menos los sábados y domingos, se mete en el ascensor, baja a la planta de calle y se va a su trabajo.

Por las tardes, llega a casa, toma el ascensor, se baja en el piso 22 y sube 3 pisos andando.

¿Por qué se baja en el 22 en vez de bajarse en el 25?

40. VENTANA DIVIDIDA EN DOS.

Una ventana cuadrada mide 1 metro de lado.

Como estaba orientada al sur y entraba demasiada luz se disminuyó su tamaño a la mitad, tapando parte de ella. Tras ello la ventana seguía teniendo forma cuadrada y tanto su anchura como su altura seguían siendo de 1 metro.

¿Puede dar una explicación de tan extraño fenómeno?

41. AUNQUE PAREZCA MENTIRA.

Tres señoras realmente gruesas cruzaban la Gran Vía madrileña debajo de un paraguas de tamaño normal.

¿Cómo es posible que no se mojaran?

42. LA MOSCA EN LA SOPA.

En un restaurante, un cliente encontró una mosca en la sopa.

El camarero, conciliador, se llevó el plato a la cocina y regresó con (aparentemente) otro plato de sopa.

Un instante más tarde el cliente lo llamaba otra vez. *«¡La sopa de este plato es la misma que le mandé llevarse!»*, le gritó ásperamente.

¿Cómo lo supo?

El siguiente acertijo suele ser desconcertante para mucha gente. Se suelen dar soluciones estrafalarias concernientes a bebes probetas, madres portadoras, etc.

¿Por qué el cerebro busca soluciones complejas cuando hay muchas más simples a su alcance?

43. MISTERIO FAMILIAR.

Norberto y Ruperta nacieron el mismo día, a la misma hora del mismo año, y de los mismos padres; pero no son mellizos.

¿Cómo puede ser eso?

44. LAS SIETE PESCADILLAS.

Hay siete personas sentadas a la mesa.

Entra la criada con una fuente con siete pescadillas; cada uno de los comensales se sirve una y queda una en la fuente.

¿Cómo es posible?

45. CARLOS EN EL AÑO 2000.

¿Qué edad tenía Carlos en el año 2000 sabiendo que su edad era igual a la suma de las cuatro cifras de su año de nacimiento?

El archivo (**Carlos en el año 2000.xls**) contiene
la solución de este acertijo hecha con EXCEL.

46. LA NOCHE DE GULLIVER.

Cierta noche, Gulliver se vio obligado a dormir en una catedral abandonada.

Los nativos del lugar, los liliputienses, le trajeron entonces 600 colchones (de los de ellos) para su comodidad.

Si tenemos en cuenta que Gulliver era doce veces más alto que los liliputienses, ¿qué tal durmió aquella noche Gulliver?

47. ¿QUÉ BARBERO ELEGIR?

Carlos iba de camino a la Costa del Sol, a pasar unas vacaciones, cuando, al atravesar un pueblo, se le averió el coche. Mientras se lo arreglaban, decidió hacerse cortar el pelo.

El pueblo sólo tenía dos barberías, la de Pepe y la de Tony.

Carlos echó una ojeada por la luna de la barbería de Pepe. El espectáculo no fue de su agrado.

Carlos: ¡Vaya suciedad! Hay que limpiar el espejo, el suelo está lleno de pelo, el barbero está sin afeitar, y lleva un corte de pelo horrible.

No es de extrañar que Carlos se marchara de allí, y fuera a dar un vistazo a la peluquería de Tony. Carlos miró a través del escaparate.

Carlos: ¡Qué diferencia! El espejo está limpio, el suelo bien barrido y Tony lleva un corte de pelo perfecto.

Pero Carlos no entró. Regresó en cambio a la otra peluquería, pese a lo sucia que estaba, para que le cortaran el pelo allí.

¿A qué obedece su conducta?

48. CULPABLE E INOCENTE.

El jurado del proceso de dos hombres acusados de asesinato, declara culpable al uno e inocente al otro.

El juez se dirige al culpable y le dice: *«¡Este es el caso más extraño que he visto en mi vida! Aunque su culpabilidad está probada y más que probada, la ley me obliga a ponerle en libertad».*

¿Cómo se explica Vd. esto?

49. LA CARRERA.

Tres corredores A, B, y C se entrenan siempre juntos para la carrera de los 800 metros, y anotan cada vez el orden de llegada.

Al final de la temporada descubren que en la mayoría de las carreras A venció a B, que también en la mayoría de las veces B venció a C, y que también la mayor parte de las veces C le ganó a A.

¿Cómo pudo haber ocurrido esto?

50. OPERACIONES ARITMÉTICAS.

Un profesor y su hijo mantienen el siguiente diálogo:

Hijo: Papá, mira este papel que se te acaba de caer. ¿Te sirve?

$$
\begin{array}{r}
3\ 5\ 4 \\
2\ 6 \\
\hline
3\ 1\ 5\ 3 \\
1\ 0\ 4\ 1 \\
\hline
1\ 3\ 5\ 6\ 3
\end{array}
\qquad
\begin{array}{r}
2\ 6\ 6 \\
6\ 2\ 2 \\
\hline
1\ 2\ 2\ 1
\end{array}
$$

Profesor: Sí, sí, son los cálculos de un problema para mis alumnos.

Hijo: Supongo que se trata de una multiplicación y una suma.

Profesor: En efecto, así es.

Hijo: Pues he de decirte que quien las haya hecho no está muy ducho en aritmética.

Profesor: No lo creas; he sido yo mismo y sus resultados están comprobados.

¿Está Vd. de acuerdo con el profesor?

Frecuentemente se obtienen resultados en apariencia imposibles por no prestar suficiente atención a los detalles importantes, o por prestar demasiada a los que no la merecen.

Veamos unos cuantos ejemplos de este tipo. ¡Ah!, y no nos molestaremos en discutir las soluciones de algunos de ellos.

51. PESO DEL NORTE, PESO DEL SUR.

Los gobiernos de dos países vecinos, llamémosles Norte y Sur, tenían un acuerdo en virtud del cual un peso de Norte valía también un peso en Sur, y viceversa.

Pero, un buen día, el Gobierno de Norte decretó que en lo sucesivo el peso de Sur no valdría en Norte más que noventa centavos.

Al día siguiente, el Gobierno de Sur, por no ser menos, decretó también que en adelante el peso de Norte no valdría en Sur más que noventa centavos.

Vivía en una ciudad situada en la frontera que separaba ambos países, un joven avispado. Entró en una tienda situada en Norte, compró una maquinilla de afeitar de diez centavos y la pagó con un peso de Norte. Como vuelta le dieron un peso de Sur, que allí no valía más que noventa centavos. Cruzó la calle, entró en otra tienda situada en Sur y compró un paquete de hojas de afeitar de diez centavos, pagándolo con el peso de Sur. Le devolvieron un peso de Norte.

Cuando regresó a su casa, tenía, como al salir, un peso de Norte, y además lo que había comprado. Y cada uno de los comerciantes tenía en su caja registradora diez centavos más.

¿Quién había, pues, pagado la maquinilla y las hojas de afeitar?

52. JOYERO ATÓNITO.

Una señorita un poco atolondrada, entró una vez en una joyería, escogió un anillo que valía 5 euros, lo pagó y se marchó.

Volvió a presentarse en la tienda al día siguiente, y preguntó si podía cambiarlo por otro. Esta vez eligió uno de 10 euros, le dio melosamente las gracias al joyero, y ya se marchaba cuando este le pidió otros 5 euros.

Ella hizo notar muy indignada que el día anterior le había pagado 5 euros, y que ahora acababa de devolverle un anillo que valía otros 5 euros, y que por tanto no le debía nada.

Al decir esto salió majestuosamente, mientras el joyero, atónito, se quedaba echando la cuenta de la vieja.

53. LA DOCENITA DEL FRAILE.

Cierto fraile mendicante se presentó en una huevería a comprar una docena de huevos.

Fraile: Como son para distintas personas me va a hacer el favor de despachármelos separados, en la forma que yo le diga: Para el padre prior media docena (y la separó); el padre guardián me encarga un tercio de docena (y agregó cuatro); y para mí, que soy más pobre un cuarto de docena. Tomó tres más, abonó la docena y se marchó.

Dicen que repitió la suerte varias veces, hasta que la cándida dueña se percató de la argucia del fraile.

54. SEIS HABITACIONES, SIETE HUÉSPEDES.

A un pequeño hotel llegó un grupo de siete hombres un poco quisquillosos, que pidieron los acomodaran para pasar la noche, pero cada uno en una habitación.

El hotelero admitió que sólo le quedaban seis, pero que creía poder alojarlos como deseaban.

Se llevó al primer hombre a la primera habitación y le dijo a uno de los otros que le hiciera compañía un momento.

Llevó entonces al tercer hombre a la segunda habitación, al cuarto hombre a la tercera habitación, al quinto a la cuarta, y al sexto a la quinta.

Volvió entonces a la primera habitación, llamó al séptimo hombre y lo condujo a la sexta habitación.

Ya se había, pues, cuidado de los intereses de todos.
¿O qué pasó?

55. SUMAR SIN CONOCER LOS SUMANDOS.

Utilizaremos para ello una hoja mensual de calendario.

A fin de simplificar, elegimos una hoja de un mes de abril que tiene cinco jueves.

Se trata de adivinar la suma de 5 días del mes, elegidos al azar, uno de cada semana y sólo conociendo el día de la semana en el que caen.

<table>
<tr><td colspan="7" align="center">ABRIL</td></tr>
<tr><td>L</td><td>M</td><td>X</td><td>J</td><td>V</td><td>S</td><td>D</td></tr>
<tr><td></td><td></td><td></td><td>1</td><td>2</td><td>3</td><td>4</td></tr>
<tr><td>5</td><td>6</td><td>7</td><td>8</td><td>9</td><td>10</td><td>11</td></tr>
<tr><td>12</td><td>13</td><td>14</td><td>15</td><td>16</td><td>17</td><td>18</td></tr>
<tr><td>19</td><td>20</td><td>21</td><td>22</td><td>23</td><td>24</td><td>25</td></tr>
<tr><td>26</td><td>27</td><td>28</td><td>29</td><td>30</td><td></td><td></td></tr>
</table>

En el ejemplo de la figura, hay que adivinar la suma de los cinco marcados con el único dato de que uno cae en lunes, dos en miércoles, uno en jueves y otro en sábado.

¿Sabría Vd. emplear algún procedimiento para poder adivinar dicha suma con las condiciones exigidas?

El archivo (**El truco del calendario.xls**) contiene con una situación parecida a la de este acertijo.

56. PRESTAR Y RECUPERAR 50 DÓLARES.

Un señor de Oriente prestó 50 dólares a un palestino y otros 50 a un judío.

El préstamo debía ser devuelto en cuatro plazos, con las cantidades libremente elegidas por cada uno y sin ningún tipo de recargo.

En su libreta apuntó todos los pormenores de cada una de las operaciones:

PALESTINO		
Plazos	Paga	Debe
1º	20	30
2º	15	15
3º	10	5
4º	5	0
Total	50	50
¡Conforme!		

JUDÍO		
Plazos	Paga	Debe
1º	20	30
2º	18	12
3º	3	9
4º	9	0
Total	50	51
¿Me habrá engañado el judío?		

El señor: Por más que repaso, en la segunda suma siempre obtengo 51 dólares.

¿Vd. qué opina? ¿Le habrá engañado el judío? ¿Por qué?

El archivo (**Prestar y recuperar 50 dólares.ppt**) contiene
una presentación con este acertijo.

57. EL JOYERO EN EL HOTEL.

En un hotel madrileño se hospedó un joyero. Para poder hacer efectiva su estancia en el hotel, solamente disponía de una partida de joyas que pensaba vender el domingo en el Rastro.

Con el dueño del hotel (hotelero) hizo el siguiente trato: *«Si vendía las joyas por 100 dólares abonaría por su estancia 20 dólares; pero si las vendía por 200 dólares abonaría 35 dólares».* El domingo se encaminó al Rastro con la partida de joyas que consiguió vender por 140 dólares.

¿Cuánto debería abonar por su estancia al hotelero?

A continuación damos unos cuantos razonamientos que pueden servir de ayuda para encontrar la respuesta a la pregunta.

Razonamiento del hotelero: Si por 100 debe pagar 20, por 10 pagaría 2. Por 140=10x14 pagará 2x14=28 dólares.

Razonamiento del joyero: Si por 200 debe pagar 35, por 20 pagaría 3'5. Por 140=7x20 pagará 7x3'5=24'5 dólares.

Razonamiento de un amigo del hotelero: Por 100 debe pagar 20. Si por 200 debe pagar 35, por 20 pagaría 3'5 y por 40 pagaría 7. Por 140=100+40 pagará 20+7=27 dólares.

Razonamiento de un amigo del joyero: Por 100 debe pagar 20. Por las otras 100 debe pagar 15. Por 40 de estas últimas pagaría 6. Por 140=100+40 pagará 20+6=26 dólares.

¿Se le ocurre a Vd. algún otro razonamiento más convincente que los anteriores?

¿Cuál podría ser la profesión del amigo del joyero?

58. LOS CABALLOS PASAN A SER VACAS.

Un granjero tiene 20 cerdos, 40 vacas y 60 caballos.

Pero, si llamamos caballos a las vacas, ¿cuántos caballos tendrá?

59. EL NARANJO.

Subí a un naranjo, sin naranjas, y bajé con naranjas.
¿Cómo se explica esto?

60. DE CAJÓN.

Tenemos sobre una mesa una caja de zapatos cerrada como la adjunta.

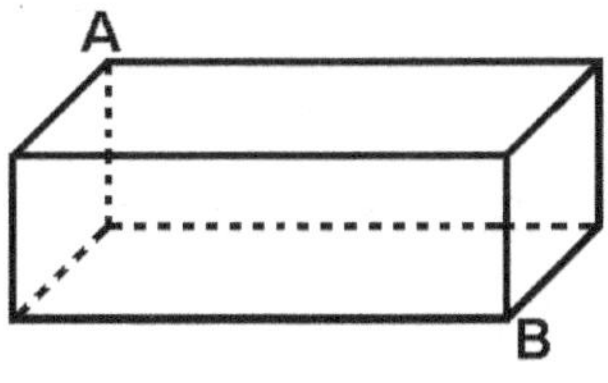

Sentimos la imperiosa necesidad de medir la diagonal de la caja que va de A a B.

Sólo disponemos de una regla común milimetrada y no recordamos ni el teorema de Pitágoras ni ningún otro.

¿Cómo mediríamos esa diagonal, sin abrir la caja?

61. VÍAS PARALELAS.

Un tren de viajeros hace el recorrido Sevilla-Madrid a una velocidad constante de 90 Km/h.

Un mercancía realiza el mismo trayecto en sentido opuesto a una velocidad, también uniforme, de 60 Km/h.

Ambos salen a las 22 horas de sus estaciones de origen.

La distancia entre las dos ciudades es de 540 Km.

Cuando se encuentran, ¿cuál de los dos trenes está más cerca de Sevilla?

62. AVISO A LOS NAVEGANTES.

Un barco, fondeado en el puerto, tiene desplegada una escala para poder embarcar en los botes.

La escala desde cubierta al agua, tiene 22 escalones de 20 cm. de altura cada uno.

La marea sube a razón de 10 cm. por hora.

¿Cuántos escalones cubrirá el agua al cabo de 10 horas?

(Ojo a la periodicidad de las mareas)

63. EL ESCLAVO Y LOS DIAMANTES.

Cleopatra guarda sus diamantes en un joyero de tapa corrediza.

Para disuadir a los ladrones, dentro de la caja hay un áspid vivo cuya mordedura es letal.

Un día, un esclavo se quedó solo durante unos pocos minutos en la estancia de las joyas, y fue capaz de robar unas cuantas gemas de enorme valor, sin sacar el áspid de la caja, y sin tocar ni influir en la serpiente de ninguna forma.

Tampoco hizo nada para protegerse las manos.

Empleó tan sólo unos cuantos segundos en el robo.

Cuando el esclavo salió de la habitación, el joyero y la serpiente se encontraban exactamente en el mismo estado que antes, salvo por las gemas robadas.

¿De qué ingenioso método se valió el esclavo?

64. ¿PRIMO CON LOS 9 DÍGITOS?

¿Habrá algún número primo formado por los nueve dígitos del 1 al 9, puestos en el orden que sea pero que ninguno se repita?

65. AISLAR CON TRES CUADRADOS.

Dibujando tres cuadrados, ¿sabría Vd. aislar las 7 monedas de la figura?

Pista: Los cuadrados no tienen por qué ser del mismo tamaño.

66. NUESTRO LUGAR EN EL PLANETA.

a) Un explorador camina 3 km. hacia el sur, después, 1 km. hacia el este. Se encuentra a un oso. Recorre 3 km. hacia el norte, volviendo así al lugar de partida. ¿De qué color es el oso?

b) Un explorador camina 3 km. hacia el sur; 10 km. hacia el oeste. Se encuentra a un pingüino. Recorre otros 3 km. hacia el norte, volviendo asía al lugar de partida. ¿Dónde se encuentra el explorador?

67. EL JUEGO DE LOS APLAUSOS (1).

En un juego infantil se nombran todos los números del 1 al 100 y se aplaude cuando se nombra un múltiplo de 3 o un número terminado en 3.

¿Cuántas veces se aplaude durante el juego?

¿Y si se nombran del 101 al 200?

El archivo (**El juego de los aplausos (1).xls**) contiene
la solución de este acertijo hecha con EXCEL.

68. DOS DETECTIVES ASTUTOS.

Dos detectives llegaron al lugar de un homicidio hallando a la víctima tendida en un camino.

Había unas rodadas de neumático marcadas en el barro del camino.

Los detectives siguieron las rodadas, llegando a un caserío.

Había tres hombres sentados, nada más verlos dedujeron quien era el sospechoso.

Si ninguno tenía coche ni las botas manchadas de barro, ¿cómo pudieron resolver el caso tan rápidamente?

69. PROBLEMÁTICO ACCIDENTE.

Supongamos que un avión de vuelo regular, viajando en el trayecto París-Madrid, empieza a perder altura en el sur de Francia y se estrella justo en el límite fronterizo hispano-francés.

Precisamente en la línea que separa ambos países, sin que se pueda decir si está en un país u otro.

Ante esta situación, ¿donde habría que enterrar a los supervivientes?

70. LA VENTA DE SOLARES.

Una agencia inmobiliaria puso a la venta un solar trian-gular, situado en la parte más cara del área comercial de una zona residencial de Madrid.

El anuncio era el que se adjunta.

¿Por qué cree Vd. que no se presentaron compradores?

71. COMO PEZ EN EL AGUA.

A mi amigo Juan le han colocado en una oficina y dice que está allí como pez en el agua.

¿Qué hace?

72. CAMINO DE VILLAVIEJA.

Yendo yo para Villavieja, me crucé con siete viejas, cada vieja llevaba siete sacos, cada saco siete ovejas.

¿Cuántas viejas y ovejas iban para Villavieja?

73. VIVA LA LIEBRE.

UN CAZADOR FUE DE CAZA,
MATÓ UNA LIEBRE,
Y LA TRAJO VIVA A CASA.
¿Cómo es posible?

74. MADRE MUY AGUDA.

Mi hermano y yo reñíamos todos los días al repartirnos la naranja que tomábamos de postre en la comida. Cada uno quería llevarse el trozo más grande.

Mi madre solucionó la cuestión de una forma muy simple. Nadie podía quejarse a partir de entonces.

¿Cuál fue la solución que aportó?

75. LA CAÍDA DEL HUEVO SIN ROMPERSE.

Si estamos de pie sobre un piso de mármol, ¿cómo nos las arreglaremos para soltar un huevo de gallina y hacer que este recorra en su caída un metro sin romperse?

No vale colocar ninguna almohada ni cosas blandas para amortiguar el golpe contra el mármol.

La información contenida en el enunciado debe ser, a veces, cuidadosamente analizada antes de lanzarse a resolverlo.

76. MISTERIOSA MERCANCÍA.

Cuando Elena llegó a casa, le entregó a su padre un pequeño paquete.

Elena: Aquí tienes el encargo que me hiciste, de la ferretería.

Su padre: Muchas gracias, hija. ¿Cuánto te ha costado?

Elena: Los quinientos cuestan trescientas pesetas.

Su padre: ¿Trescientas pesetas? Entonces cada pieza cuesta ya cien pesetas.

Elena: Así es, papá.

¿Qué diablos pudo comprar Elena?

77. AL CAMPO CON LA PEQUEÑA.

Gabriela tiene un día libre.

Aprovechando que su marido se ha llevado a los niños al circo, decide llevarse a la joven Teresa, que acaba de cumplir un año, al campo.

Una vez allí, observa como un perro abandonado se acerca a toda velocidad a Teresa. La olisquea y le muerde una oreja, jugueteando.

A pesar de que Gabriela a visto perfectamente esto, no hace nada por evitar que el perro juegue con Teresa, a riesgo de que esta coja una infección.

¿Qué explicación puede haber?

78. SACAR EL AIRE DEL VASO.

Tenemos un vaso con agua hasta la mitad.

¿Cómo se las arreglaría Vd. para sacar el aire de la otra mitad?

79. ¿FUE EL MAYORDOMO?

El señor: ¿Dónde están esas valiosas monedas de la colección que dejé esta mañana sobre la mesa, Genaro?

Genaro: Las puse en formación cuadrada y ahora sólo quedan dos.

El señor: ¿No las tomó usted, verdad?

Genaro: No señor. Poco después de que usted saliera entraron tres ladrones. Se repartieron las monedas en partes iguales entre ellos, pero dejaron estas dos porque no podían repartírselas equitativamente.

¿Decía la verdad, o mentía el mayordomo?

80. LAS CELDILLAS DE LAS ABEJAS.

Las abejas recogen flores para construir, a partir de ellas, unos recipientes llamados alvéolos, en los cuales vierten la miel.

Todos los alvéolos tienen forma hexagonal, y están dispuestos de forma que no queden espacios vacíos entre ellos, para que nada pueda introducirse en ellos y estropear su miel.

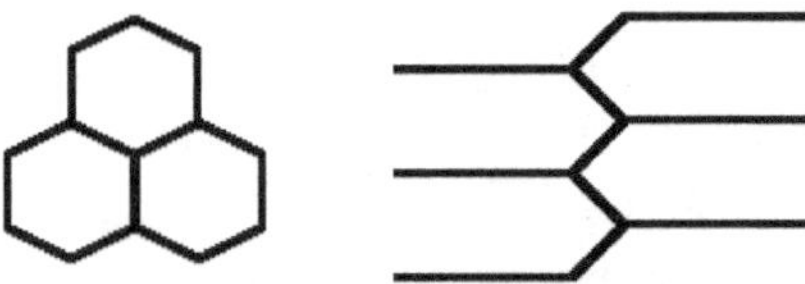

¿Por qué estas celdillas son hexagonales?

81. MUCHO CUIDADO.

¿Qué ocurre si se echa una cerilla en un bidón con 100 litros de gasolina?

82. TRES EUROS, DOS MONEDAS.

Dos monedas suman tres euros y, sin embargo, una de ellas no es de un euro.

¿Qué monedas son?

83. TRES AMIGOS DESCONFIADOS.

Tres socios, muy desconfiados, quieren comprar una caja fuerte para guardar el dinero de la empresa.

¿Cuántas cerraduras deben poner a la caja?

¿Cuántas llaves deben fabricar?

¿Cómo deben repartirse las llaves para que uno sólo no pueda abrir la caja y sí dos cualesquiera?

84. CAMINO DEL BOSQUE.

Raquel y su perro deciden entrar en el bosque.

¿Hasta qué parte del mismo pueden hacerlo?

85. POBRE PÍO.

En una lápida podía leerse esta inscripción: *«Aquí yace Pío Niro, muerto en 1971, vivió tantos años como la suma de las cifras del año de su nacimiento».*

¿A qué edad murió?

El archivo (**Pobre Pío.xls**) contiene
la solución de este acertijo hecha con EXCEL.

86. CON VISTAS Y SIN VISTAS.

Un turista entra en un hotel y pregunta los precios de las habitaciones. *«Una habitación sin vistas»*, contesta el hotelero, *«cuesta 6 euros.; y una con vistas, 60.000 euros».*

¿Por qué cree Vd. que hay tanta diferencia?

87. EN EL CINE.

Un señor de especto distinguido se levanta de repente, se agacha para mirar debajo de la butaca y empieza a molestar, provocando las protestas de los demás espectadores.

El acomodador: ¿Qué es, señor, este ruido?

El señor: Se me ha caído un caramelo.

El acomodador: ¿Y por un simple caramelo molesta así a la gente?

El señor: El caso es que...

¿Qué otra cosa ocurría aparte de lo del caramelo?

88. POBRE CARNICERO.

Realizan una inspección para controlar el peso de las balanzas de una carnicería.

No le pusieron ninguna multa.

A pesar de ello, el dueño estaba muy triste y hubiera preferido la multa.

¿Cómo es posible?

89. ORDENANDO Y DESORDENANDO.

Mi vecina Raquel es capaz de ordenar el salón de su casa en dos horas.

Su hermano Jorge puede desordenarlo en tres horas.

Un día coincidieron en el salón, que estaba totalmente desordenado, y mientras Raquel lo ordenaba Jorge lo desordenaba.

¿Cuánto tiempo tardó Raquel en ordenar completamente el salón?

90. MONEDAS EN CÍRCULO.

Coloque una moneda circular encima de una mesa.

¿Cuántas monedas, del mismo tamaño, podemos colocar alrededor de ella?

Las monedas que se coloquen alrededor deben tener contacto con la primera y entre ellas.

No está permitido montar una moneda encima de otra.

91. LOS DOS AJEDRECISTAS.

Dos ajedrecistas presumen de buenos jugadores.

Dice uno: En pocas jugadas te comeré una torre.

Y el otro: Yo te comeré la reina.

¿Quién juega mejor de los dos?

92. TODA LA VIDA Y UN DÍA MÁS.

A lo largo de nuestra vida siempre hay gastos fijos en todas las casas.

Existe un aparato en la casa que se usa toda la vida y un día más.

¿De qué aparato se trata?

93. TELEGRAMA DE IDA Y VUELTA.

Cuando el marido estaba de viaje de negocios envió un telegrama a su mujer que decía: *«Perdí tren, saldré mañana misma hora, abrazos Pepe».*

Su mujer le contestó con otro telegrama.

¿Cuál cree Vd. que fue el contenido del telegrama enviado por su mujer?

94. EXTRAÑA COMIDA.

El otro día en el campo, mi madre hizo por primera vez la sopa con piñas.

Tenía el mismo sabor que de costumbre.

¿Cómo es posible?

95. VOLTEANDO CARTAS.

Tome un mazo de la baraja española (40 cartas) ordenado de la siguiente manera:

as de oros
dos de oros
tres de oros

.

.

.

sota de bastos
caballo de bastos
rey de bastos

Ahora tome la 1ª, coloque la 2ª encima, la 3ª debajo, la 4ª encima, la 5ª debajo y así sucesivamente hasta la cuadragésima (rey de bastos), que quedará encima.

En ese momento ha dado la vuelta completa y tiene un nuevo mazo con otro orden.

La siguiente vuelta será haciendo lo mismo: arriba, debajo, etc.

¿Cuántas vueltas enteras habrá de dar para que queden las cartas en el orden de partida?

¿Habrá alguna carta que siempre esté en la posición de partida?

¿Qué cartas repiten más veces su posición original hasta llegar al orden de partida?

Conteste a las mismas preguntas para una baraja francesa de 52 cartas.

El archivo (Volteando cartas.xls) contiene
la solución de este acertijo hecha con EXCEL.

96. ULTIMA PREGUNTA.

En un examen, un alumno no ha sabido contestar a nada de lo que se le preguntó.

Profesor: Voy a hacerle la última pregunta. Si la contesta bien, le apruebo; si no, suspenso. ¿Cuántos pelos tiene la cola de un caballo?

Alumno: Treinta mil quinientos ochenta y tres.

Profesor: ¿Y cómo lo sabe?

¿Qué contestó el alumno?

97. LA AMABILIDAD.

El siguiente diálogo fue real entre un padre y un hijo.

Padre: No olvides hijo, que la amabilidad es lo único que no cuesta dinero.

Hijo: Eso lo dices tú, intenta... y te darás cuenta de lo que cuesta.

¿A qué se refería el hijo?

98. POETA INTERESADO.

«Te amo, divino sol, y cuando tus ardientes rayos acarician nuestros cuerpos mi corazón se colma de alegría».

La persona que pronunció esta larga frase, ¿cree Vd. que era verdaderamente un poeta?

99. EMPLEADOS O CHORIZOS.

Viendo cargar a tres personas un camión de muebles, ¿cómo se puede saber si son empleados del ayuntamiento o son chorizos?

100. UN CALENDARIO CON DOS CUBOS.

Para señalar el día se colocan los cubos de manera que sus caras frontales den la fecha.

En cada cubo, cada una de las caras porta un número del 0 a 9, distribuidos con tanto acierto que siempre podemos construir las fechas 01, 02, 03, 04, ..., 31 disponiéndolos adecuadamente.

¿Sabe Vd. cuáles son los cuatro dígitos no visibles en el cubo de la izquierda, y los tres ocultos en el de la derecha?

101. ¿DISCURSO PLAGIADO?

Observe la siguiente conversación:

Alumno: Don Andrés, ayer vi en un libro, palabra por palabra, todo el discurso que Vd. pronunció el sábado ante el Rey Don Juan Carlos.

Profesor: Imposible, el discurso lo escribí yo y era totalmente original.

Alumno: Pues, créame, le puedo traer mañana el libro en el que lo vi.

Profesor: Tráigalo y ya hablaremos.

Si ambos tenían razón, ¿cómo es posible?

102. FAMOSO PERSONAJE.

Un violinista de la Grecia antigua, murió de una indigestión de patatas, después de fumarse un cigarro.

¿Cómo se llamaba este famoso personaje griego?

103. DEJE DE GRITAR.

Un niño le dijo a su madre: *«Hay en la calle un señor que lleva gritando toda la tarde, ¿me das un euro para que se calle?».*

La madre: Cógelo del monedero.

¿Cómo estaba tan seguro el niño de que el señor se callaría?

104. MENUDA FUERZA.

Muchas mujeres se lanzan desesperadamente a mis brazos y yo las cojo con firmeza, comenta un hombre ya entrado en años a una solterona.

¿Será posible que sea este hombre así de irresistible?

105. DIRECTOR CREATIVO.

El director de un instituto, el día que comenzó el curso, reunió a todos los alumnos en el amplio salón de actos y les dijo:

- En el instituto hay 1.000 alumnos y 1.000 casilleros.
- En estos momentos están todos cerrados.
- El alumno nº 1 abrirá todos.
- El alumno nº 2 cerrará todos los casilleros pares.
- El alumno nº 3 cambiará el estado de los casilleros 3,6,9,12,... Es decir, el que esté abierto lo cierra y el que esté cerrado lo abre.
- El alumno nº 4 cambiará el estado de los casilleros: 4,8,12,16,...
- El alumno nº 5 cambiará el estado de los casilleros: 5,10,15,20,...

Y así sucesivamente hasta el alumno nº 1.000.

Después de este entretenido comienzo de curso, ¿cuantos casilleros quedarán abiertos?

Ayudas: ¿Qué hace que un casillero "cambie de estado"? ¿Qué alumnos cambian el estado de un casillero concreto? ¿Qué tiene que ocurrir para que un casillero permanezca abierto?

El archivo (**Director creativo.xls**) contiene la solución
de un acertijo similar hecha con EXCEL para 250 alumnos.

106. QUITARSE EL ZAPATO.

«Si tú solo eres capaz de quitarte el zapato del pie derecho, utilizando exclusivamente la mano izquierda, te invito a un café irlandés».

Como el dinero de mi amigo era insuficiente para un chato de vino, pensé que habría algún truco.

¿Piensa Vd. lo mismo?

107. SORPRENDENTE TRABAJADOR.

Un señor fue contratado para pintar las rayas blancas continuas y discontinuas de una carretera.

El primer día pintó diez kilómetros, el segundo día ocho, el tercer día cuatro, el cuarto día dos, el quinto día sólo pinta unas cuantas rayas y el sexto día apenas si termina la raya de una curva.

¿A qué serán debidos estos resultados?

¿Será por algo extraño?

108. ¡QUÉ ALTRUISTAS!

¿Qué personas, comen poco, apenas beben, pero disfrutan horrores viendo a los demás mientras comen y beben?

109. ¡VIVA LA IMBECILIDAD!

Diálogo entre niños:

Uno: Pues yo de mayor quiero ser imbécil.

Otro: ¿Y eso?

¿Cuál es el motivo?

110. EL MONO, LA PESA, LA SOGA Y LA POLEA.

Si de una soga que pasa por una polea sin fricción alguna se suspende una pesa que equilibra exactamente a un mono colgado del otro extremo, ¿qué le pasa a la pesa si el mono intenta trepar por la soga?
(Para tornar más preciso el problema, supongamos que tanto la soga como la polea no tienen peso ni sufren fricción)

111. LOS AMIGOS DE MARY POPPINS.

Dos deshollinadores se encuentran un día juntos efectuando su trabajo en una chimenea.

Cuando terminan, uno de ellos está con su cara llena de hollín mientras que el otro no tiene una sola mancha.

Uno de ellos se lleva la mano a la cara para limpiársela. ¿Cuál de ellos lo hizo?

112. LA BOTELLA EN LA HABITACIÓN.

El profesor Astuto asegura que es capaz de poner una botella en el centro de la habitación, y deslizarse, reptando dentro de ella.

¿Cómo puede ser cierto?

113. UNA CUESTIÓN DE PENDIENTE.

En una casa las dos alas del tejado tienen diferente inclinación; un ala tiene inclinación de 60° y la otra de 70°.

Si un gallo pone un huevo exactamente en la cumbre, ¿hacia qué lado del tejado caería el huevo?

114. LOS EXTRANJEROS.

El jefe me dijo que fuera a recoger al aeropuerto a tres extranjeros colaboradores de nuestra empresa.

Uno era australiano, otro americano y el tercero surafricano.

Me dijo que uno de ellos se llamaba Peter.

Aunque no había visto nunca a ninguno de los tres identifiqué a Peter inmediatamente.

¿Cómo?

115. UN NÚMERO MÁGICO (1).

Escoja un número cualquiera de dos cifras, no todas iguales; por ejemplo, 37.

Ordene sus cifras de mayor a menor: 73.

Ahora las ordena de menor a mayor: 37.

Reste: 73-37=36.

Repita la operación unas cuantas veces con este resultado y los sucesivos.

¿Qué observa?

El archivo (**El número mágico 9.xls**) contiene este acertijo.

116. EL VALOR DEL ORO.

¿Qué vale más, un kilo de monedas de oro de 10 $ o medio kilo de monedas de oro de 20 $?

117. YO NO OPERO A MI HIJO.

Un señor conduce su auto, llevando a su derecha a su hijo pequeño. Para no chocar contra otro vehículo mal detenido, el padre tuvo que dar un volantazo; perdió el control de su auto y fue a estrellarse contra un pilote de un paso elevado. El hombre quedó ileso, pero el muchacho se fracturó una pierna.

Una ambulancia los trasladó a un hospital cercano, donde el muchacho fue llevado urgentemente al quirófano.

El cirujano estaba ya a punto de intervenir, cuando al ver al muchacho exclamó: *«¡No puedo operar a este chico! ¡Es mi hijo!».*

¿Cómo se explica esto!

118. CUATRO EN EL ASCENSOR.

La siguiente anécdota ocurrió en la ocupación de Francia por los alemanes, durante la segunda guerra mundial.

Cuatro personas subían en el ascensor de un hotel. Uno de los ocupantes era un oficial alemán, de uniforme; otro, un civil francés, enrolado en la Resistencia. La tercera ocupante era una atractiva joven, y la cuarta, una dama de edad. Ninguno conocía a los demás.

Hubo de pronto un corte de electricidad. El ascensor se detuvo, las luces se fueron, y todo quedó en profunda oscuridad. Se oyó entonces el chasquido de un beso, seguido por el restallar de un bofetón. Un instante después volvieron las luces. El oficial lucía un precioso cardenal junto a un ojo.

La señora mayor pensó: ¡Bien merecido lo tiene! Menos mal que las jóvenes de hoy saben cuidar de sí mismas.

La joven pensó: ¡Vaya gustos raros que tienen estos alemanes! En lugar de besarme a mí ha debido abrazar a esta señora mayor o a este joven tan atractivo. ¡No me lo explico!

El alemán pensó: ¿Pero que ha pasado? ¡Yo no he hecho nada! Quizás el francés ha querido abusar de la joven y esta me ha pegado por error.

Sólo el joven francés conocía exactamente lo ocurrido. ¿Sabría Vd. deducirlo?

119. EL FALSO RELATO.

En un caluroso día de verano, en el transcurso de la misa, el señor González se quedó dormido, soñando que vivía en tiempos de la revolución francesa y estaba a punto de ser guillotinado.

En ese preciso momento la señora González se volvió hacia su marido, y dándose cuenta que se había dormido, le dio un ligero golpe en el cuello con el abanico, lo que le produjo la muerte sin que llegase a emitir ningún sonido.

¿Por qué es falso este relato?

120. LA LUNA Y EL TRIÁNGULO.

Las áreas rayadas de la luna y el triángulo, ¿son iguales?

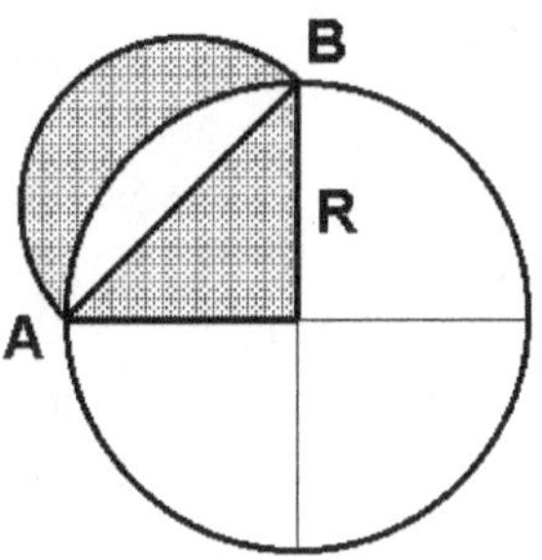

El siguiente acertijo es sencillo de plantear pero difícil de resolver.

Es un ejemplo perfecto de situación aparentemente irracional e incongruente teniendo una explicación sencilla y completa.

Sorprendentemente este clásico rompecabezas parece funcionar en distintas culturas y lenguas.

121. JUEGO SUCIO EN EL MELIÁ.

Carlos se alojó en Marbella en un magnífico hotel. Leía el periódico en el vestíbulo cuando entró con paso vivo una preciosa muchacha. La joven corrió hacia una fuente, tomó un trago de agua y se fue.

Tres minutos más tarde, la misma joven regresaba para volver a beber. Pero esta vez, un hombre de aspecto poco tranquilizador la seguía a cierta distancia. Detrás de la fuente había un espejo. Cuando la chica alzó la mirada, después de beber, vio que el sujeto empuñaba un enorme cuchillo, que alzaba como si fuera a apuñalarla por la espalda. Un grito de terror resonó en el vestíbulo.

Carlos se lanzó a salvarla.

Pero entonces, el individuo bajó el arma, y la joven se echó a reír.

¿Qué diablos estaba ocurriendo?

122. MÚSICA DE FONDO.

Un disco posee un orificio central de 6 mm. de diámetro, rodeado de una etiqueta de 4 cm. de anchura.

A continuación están los surcos, 20 por centímetro, que ocupan 8 cm. del radio total.

Después, una zona de 5 mm. entre el perímetro y el primer surco.

¡Ah!, y lo mismo por la otra cara.

¿Qué distancia recorre la aguja del tocadiscos al pasar por las dos caras de dicho disco?

123. ACCIDENTE DE ASCENSOR.

El guarda nocturno de una fábrica advierte a su dueño que no use el ascensor porque la noche pasada soñó que se descolgaba aparatosamente el ascensor.

Pocos días después ocurre el soñado accidente y el amo agradecido, le da una buena propina y lo despide.

¿Por qué?

124. SESIÓN DE ESPIRITISMO.

Carlos contaba a Óscar todo aquello que había presenciado en una sesión de espiritismo y decía: *«Una mesa redonda de tres patas, siete sillas de estilo inglés y una lámpara de brazos constituían el decorado. El contorno de la mesa, en cuyo centro sobresalía un vaso de cristal tallado, estaba formado por letras y números sin orden secuencial. El conjunto ofrecía el aspecto de un extraño reloj. Siete dedos índices confluían sobre el vaso sin apenas tocarlo. El silencio presidía la sesión. Cuando la penumbra se adueñó de la sala, comenzó la sesión. Se notaba, a través de las manos, el sustrato existencial de los presentes. Todo estaba dispuesto para que los espíritus tomaran la palabra. La médium, conocedora del último desastre afectivo que sufrí, preguntó al más allá el nombre de la futura princesa de mi vida. El temblor de algunos fue perceptible por el coro, el vaso empezó a moverse y la mesa a cojear. Después de unos instantes de vacilación, el vaso se detuvo en la letra M; luego en la*

A y, poco a poco, letra por letra, completó un nombre de mujer; MARÍA, una de las asistentes, sufrió una lipotimia. Su destino había sido marcado por los espíritus».

Óscar, que escuchaba muy atento, le interrumpió de forma tajante: *«Tu relato contiene algo falso».*

¿Opina Vd. igual que Óscar?

125. LAS MONJAS DEL CONVENTO.

Un convento tiene dos plantas de forma cuadrada.

Cada planta posee tres ventanas en cada uno de los cuatro lados del edificio, que corresponden a 8 habitaciones por planta.

Las 16 habitaciones siempre fueron utilizadas como dormitorios.

La planta superior, que tenía más camas, aloja el doble de ocupantes que la planta baja.

Planta Sup.				Planta Baja		
x	x	x		x	x	x
x		x		x		x
x	x	x		x	x	x

La Madre Superiora exige que las ocupantes se distribuyan de modo que ninguna habitación quede vacía, que en la planta superior haya doble cantidad de monjas que en la planta baja y que en las seis habitaciones que dan a cada uno de los cuatro lados del edificio haya siempre 11 monjas.

En cierta ocasión, por razones que no viene al caso, se fugaron del convento 9 monjas. Las que quedaron decidieron ocultar el hecho a la Madre Superiora mediante un reagrupamiento de ocupantes de las habitaciones.

Lo hicieron de tal forma que cuando la Madre Superiora hacía el recorrido nocturno ninguna habitación estaba vacía y se cumplían los requisitos señalados anteriormente.

¿Cuántas monjas había en el convento y cómo estaban distribuidas en las habitaciones?

El archivo (**Las monjas del convento.ppt**) contiene una presentación con este acertijo.

126. ATRAVESAR EL TÚNEL.

El Sr. López se encuentra en apuros.

Conduce un camión de alto tonelaje, al que detiene ante la presencia de un túnel con un cartel donde se indica que la altura máxima para pasar por él, es, 2'50 m.

¿Cómo pasará el Sr. López con el camión por el túnel si su camión tiene una altura de 2'54 m.?

127. PASO ACOMPASADO.

Un hombre y su esposa comienzan a caminar juntos, iniciando la marcha al mismo tiempo con el pie derecho.

Por cada n pasos que da el hombre, la mujer da n+1, y al cabo de un kilómetro la esposa ha dado 531 pasos más que el marido.

A lo largo de ese kilómetro, ¿cuántas veces habrán coincidido ambos al pisar con el pie izquierdo?

128. LA HUCHA Y LAS MONEDAS.

¿Qué tendrá más valor: una hucha llena de monedas de oro de cinco gramos, o la misma hucha llena de monedas de oro de diez gramos?

129. ¿DOBLARÁ LA HOJA?

¿Es Vd. capaz de doblar una hoja de papel 12 veces, doblez sobre doblez?

130. MONEDAS EN RACIMO.

Coloque tres monedas circulares iguales encima de una mesa como indica la figura adjunta.

¿Cuántas monedas, del mismo tamaño, puede Vd. colocar alrededor de ellas?

Las monedas que coloque alrededor deben tener contacto, al menos, con alguna de las tres primeras y entre ellas.

No está permitido montar una moneda encima de otra.

131. BEBERÁ O NO BEBERÁ.

En un desierto se encuentra un pajarito con mucha sed, y como un milagro se ve delante de una botella medio llena de agua.

El problema que tiene el pajarito es no poder entrar en la botella, ni volcarla, ni romperla, ni nada parecido.

¿Qué solución le daría Vd. al pobre pajarito?

132. LA CARRERA DEL GANAPIERDE.

El sultán de un antiguo reino decidió conceder la mano de su hija, solicitada por dos pretendientes, a aquel cuyo caballo resultase vencedor en una carrera.

Pero, no siendo amante de la velocidad, el sultán decidió que la carrera fuese al ganapierde; esto es, el vencedor sería el que llegase el último.

Lo malo es que las perspectivas eran de que la carrera durase indefinidamente.

¿Qué disposición tomó el sultán para que esto no ocurriera?

133. LA FALSA MONEDA.

Un aficionado a las monedas, va un día a una tienda de numismática.

El encargado le recomienda muy fervientemente una moneda: por una cara, está el rostro del emperador Augusto y por la otra, la fecha: 27 antes de Cristo.

Al ver la moneda, el aficionado no la quiere. ¿Por qué?

134. SEGURO QUE ME MATAN.

Se ha descubierto el cuerpo del señor Malavida, echado de bruces sobre su escritorio, con la cabeza atravesada de un balazo.

El inspector Olmos se da cuenta de que hay un magnetófono sobre la mesa del señor Malavida.

Al ponerlo en marcha escucha sorprendido la voz de Malavida que dice:

«Habla Malavida. Me acaba de telefonear un tal Seistiros diciendo que viene hacia aquí para matarme. No voy a intentar huir. Si lleva a cabo su amenaza dentro de diez minutos estaré muerto. Esta grabación dirá a la policía quién me asesinó... Ahora oigo pasos en el vestíbulo. La puerta se está abriendo...».

Se produjo un clic, que indicaba que Malavida había apagado el magnetófono.

«Quiere que le eche el guante a Seistiros», preguntó la subinspectora Ángela, ayudante del inspector Olmos.

«No», contestó Olmos. *«Estoy convencido de que otra persona, muy hábil para imitar la voz de Malavida, fue quien lo mató, dejando esta grabación para incriminar a Seistiros»*. Más tarde se comprobó que la teoría de Olmos era correcta.

¿Qué pudo hacerle sospechar que la grabación era una impostura?

135. CUADRADO MÁGICO 3x3.

Construya algún cuadrado mágico 3x3 con los números del 1 al 9.

El archivo (**Cuadrado mágico 3x3.xls**) contiene
este acertijo.

136. UNA BARCA PARA TRES.

Tres aficionados al deporte del remo tienen una barca común y quieren arreglárselas de tal modo, que cada uno de ellos pueda utilizar la barca en cualquier instante, sin que ningún extraño pueda llevársela.

Para esto piensan atar la barca con una cadena cerrada por tres candados.

Cada uno de los amigos tiene una sola llave, pero con ella puede abrir el candado y coger la barca sin esperar a que lleguen los otros con sus llaves.

¿Qué hicieron para que todo les saliera tan bien?

137. ¿DÓNDE ESTÁN LAS LLAVES?

Un ejecutivo le dice a su secretaria: *«Tengo que marcharme a una reunión de negocios hoy mismo. Para poder llevar a buen término mis gestiones, necesito los documentos que dentro de un sobre rojo tienen que llegar al buzón de las cartas en breve, pero como no puedo demorarme más, recoja usted ese sobre en cuanto llegue y envíemelo urgentemente a París».*

Al poco tiempo el ejecutivo recibe una carta de su secretaria que le dice: *«El sobre rojo ya está en el buzón, lo veo por las rendijas, pero no me dijo donde están las llaves y no puedo sacarlo, dígamelo y se lo mandaré rápidamente».*

El ejecutivo le contesta a vuelta de correo con sello de urgencia y le dice: *«Las llaves del buzón están en mi mueble bar detrás de la botella de coñac. Mándeme el sobre rojo que no puedo esperar más y estoy a punto de perder el negocio».* Espera días y días y el sobre rojo no llega a París. Se le estropea el negocio y regresa hecho una furia dispuesto a despedir a su secretaria. Cuando llega, pregunta qué explicación tiene lo sucedido cuando era tan importante que cumpliera sus órdenes. La secretaria le dice algo ante lo cual él se queda callado y no puede despedirla ni tan siquiera regañarla.

¿Qué le pudo decir?

138. RASCÁNDOSE LA ESPALDA.

Un hombre miraba a través de la ventana de su casa y vio a un mendigo en la acera de enfrente rascándose la espalda contra una cerca.

El hombre, salió a darle un poco de dinero y unas ropas.

La noticia se divulgó por el barrio y pronto hubo dos mendigos rascándose frenéticamente la espalda contra la cerca.

Al verlos, el hombre salió a correrlos armado con un palo, acusándolos de impostores y diciendo que no iban a engañarlo.

Los mendigos corriendo: ¿Pero por qué le creíste al otro?

El hombre: Porque el otro...

Si Vd. fuese un hombre que mira a través de la ventana de su casa, ¿qué respuesta lógica le habría dado al par de mendigos?

139. ¿SACARSE EL CARNET?

En la temporada de fútbol 80-81, el Real Club Celta de Vigo llevaba conseguidos 36 puntos en 18 partidos jugados.

Un vigués andaba dudando si sacarse o no el carnet de socio para los 18 partidos restantes por la cuarta parte del precio que al principio de temporada.

Sabiendo que el Celta no ha perdido ningún punto en casa y que no tiene puntos positivos; ¿puede Vd. aconsejar al vigués sobre la decisión de sacarse el carnet para los 18 partidos restantes?

Ayuda: El sistema de puntuación que se utilizaba entonces, no era el mismo que el actual.

140. VASOS, BILLETE Y MONEDA.

Colóquense dos vasos de forma que sus bordes más próximos se hallen a 8 cm. uno de otro.

¿Es posible colocar un billete de 20 euros encima de los vasos, a la vez que se coloca una moneda de dos euros encima del billete sin que se caigan?

(La moneda ha de estar en el centro del billete)

141. LA CASERA.

Según un popular anuncio televisivo: "¡Como no hay Casera nos vamos!".

¿Cuándo cree Vd. que se podría dar el comentario inverso, es decir: "¡Como hay Casera nos vamos!?

142. INGENIO CANINO.

Un perro está atado por el cuello a una cuerda de 2 metros de longitud.

¿Cómo podrá alcanzar un sabroso hueso situado a 4 metros de él?

143. EL SÉPTIMO NO SE MOJÓ.

Dos coches paran de repente a la puerta de un parque.

Siete hombres salen de los coches y enseguida comienzan a caminar a pie a lo largo de la calzada.

A los pocos segundos comenzó a llover.

Seis de los siete hombres comenzaron a caminar más rápidamente para escapar de la lluvia.

El séptimo hombre no se incomodó por la lluvia ya que no le cayó ni una sola gota de agua.

Si no se utilizó ningún impermeable, ni ningún paraguas; y todos los hombres llegaron a su destino juntos, ¿qué hizo el séptimo hombre para no mojarse?

144. LAS VACAS MIRONAS.

Dos vacas se encuentran en un prado; la una mira hacia el este y la otra hacia el oeste.

¿Cómo podrían mirarse una a la otra, sin necesidad de volverse?

145. AAAA – BBBB.

Utilice los dígitos del 1 al 8 y sustituya por ellos las letras A y B.

A	B	A
B		B
A	B	A

Los que ponga en las "B" deben ser la suma de sus "A" vecinas.

El archivo (**AAAA - BBBB.xls**) contiene este acertijo.

146. EL GRAN CHAPARRÓN.

Hace muchos años, en una tórrida noche madrileña, cayó a medianoche un tremendo chaparrón.

¿Es posible que 72 horas después ya tuvieran en Madrid tiempo soleado?

147. EL LORO TARTAMUDO.

Un vendedor de pájaros elogia a su loro ante un cliente: *«En un par de días aprende todo lo que se le dice»*.

El cliente compra el loro.

Al cabo de cinco días lo devuelve porque el loro es tartamudo.

¿Qué cree Vd. que contestó el cliente cuando el vendedor le preguntó por el motivo de la devolución?

148. BAÑO POR INMERSIÓN.

Decide Vd. de pronto darse un baño por inmersión.

Como no está en su casa sino en un hotel de un país extranjero, no sabe a ciencia cierta cual de los grifos de la bañera es el del agua caliente, si el de la derecha o el de la izquierda.

¿Cómo puede hacer para estar seguro de no abrir la fría antes que la caliente?

149. DEDICATORIA.

"Con sincero sentimiento te dedico este libro en recuerdo de los tiempos del Instituto. Espero que te choque, en el primer momento, lo premioso de mi envío, pero pronto notes que existe un motivo coherente con el contenido mismo del libro, y es que este escrito de remisión, que tiene porte corriente, es en sí mismo un torete que espero detectes y soluciones, diciendo por qué no es un escrito corriente y moliente, como pudiste creer".

Esta dedicatoria, constituye un problema que tal vez pueda Vd. resolver.

150. RECTÁNGULOS OBSTINADOS.

En una hoja de papel cuadriculado dibujamos un rectángulo formado por dos cuadrados.

Trazamos una diagonal del rectángulo y observamos que corta a los dos cuadrados.

Haciendo lo mismo con un rectángulo mayor, de dos por tres cuadrados, la diagonal corta a cuatro cuadrados.

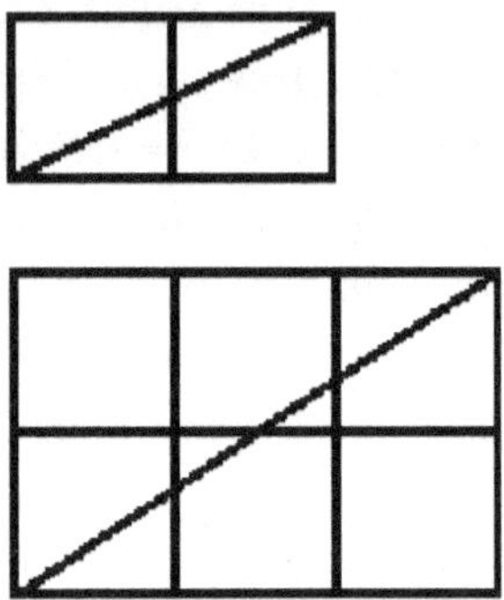

¿Cuántos cuadrados cortará la diagonal de un rectángulo de seis por siete cuadrados?

[Se debe hacer sin dibujar el rectángulo y sin contar los cuadrados]

¿Se puede encontrar alguna regla para este caso?

¿Habrá alguna regla general?

151. OCURRIÓ EN LA OFICINA.

Se encuentran en la oficina tres mecanógrafas.

Primera mecanógrafa: Ayer había píldoras anticonceptivas en la mesa del jefe.

Segunda mecanógrafa: Al verlas las sustituí por aspirinas.

¿Qué dijo o hizo la tercera mecanógrafa que escuchó el diálogo anterior?

152. ALGO RARO, FUERA DE LO COMÚN.

En el párrafo que presentamos encontrará algo verdaderamente raro, algo fuera de lo común. ¿Se atreve usted a detectarlo?

"Lea letra por letra, palabra por palabra. No se apresure. Observe todo atentamente porque, a lo mejor, se le escapa algo. A nosotros nos costó bastante redactar este párrafo. ¿Lo encontró? ¡Eureka! Bueno, pero de todos modos, avance. Debe acabar de leer todo para acertar. Lo que nosotros no podemos hacer es echarle una mano porque se trata de aguzar su destreza personal. No obstante, estamos seguros de que, empeñado en resolver el problema, podrá lograrlo. Vamos. Ponga manos a la obra. Le damos todos los segundos que sean menester. Lo que podemos adelantarle (eso va por descontado) es que, cuanto más nos empeñamos en prolongar este párrafo, más arduo nos resulta dar otro paso. ¿No cae aún en la cuenta? Bueno. Eso es todo. Observe ahora atentamente. ¿No falta algo que normalmente suele haber cuando usted redacta algo? Parece que no. Pero no lo crea. La trampa está. ¿Trampa? No exactamente. Mejor hablemos de algo desusado. Búsquelo. La respuesta está allá atrás, en las hojas postreras. Pero, antes de consultarla, razone un poco más. Tal vez lo encuentre solo. Tal vez ya lo encontró".

153. GRAN PALABRA.

¿Qué palabra tiene 5 sílabas y más de 20 letras?

154. EDAD DEL GRIEGO.

Un griego nació el séptimo día del año 40 a. de C., y murió el séptimo día del año 40 d. de C.

¿Cuántos años vivió?

155. DEL UNO AL OCHO.

Escriba en cada cuadradito los números del 1 al 8, con la condición de que la diferencia entre dos números vecinos no será nunca menor que 4.

El archivo (**Del uno al ocho.xls**) contiene este acertijo.

156. EXTRAÑA COINCIDENCIA.

John Kennedy nació en 1917. Llegó a presidente de los Estados Unidos en 1960. Su edad en 2004 sería de 87 años y habría estado en el gobierno 44 años. La suma de esos cuatro números es 4.008.

Charles de Gaulle nació en 1890. Llegó a presidente de Francia en 1958. Su edad en 2003 sería de 114 años y habría estado en el gobierno 46 años. La suma de esos cuatro números es también 4.008.

Francisco Franco nació en 1892. Llegó a gobernar España en 1939. Su edad en 2003 sería de 112 años y habría estado en el gobierno 65 años. La suma de esos cuatro números es también 4.008.

¿Puede Vd. explicar esta notable coincidencia?

157. SE OYE CADA COSA.

En una reunión, un hombre dice que su hermano murió hace 130 años.

¿Cómo es posible que sea cierto?

158. MADRE CON CINCO HIJOS.

La madre de Luis tiene cinco hijos.

El primero se llama PA, el segundo PE, el tercero PI , el cuarto PO.

¿Cómo se llama el quinto?

159. EN EL FOTÓGRAFO.

Cliente: Quería doce fotos para el carnet de identidad.

Fotógrafo: ¿Doce copias? ¿Con seis no tiene suficiente?

Cliente: Sí, pero...

¿Por qué cree Vd. que pidió doce?

160. OCHO TRIÁNGULOS EQUILÁTEROS.

Construya ocho triángulos equiláteros trazando seis segmentos igual de largos.

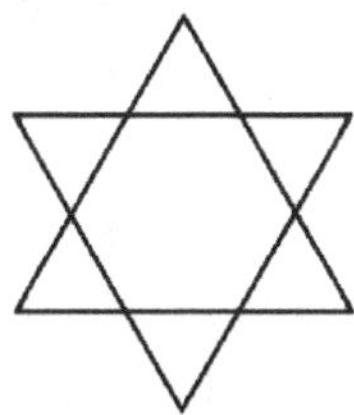

Le doy una solución:
Son dos triángulos equiláteros
entrelazados que forman una
estrella de seis puntas.

¿Será Vd. capaz de encontrar otra solución?

161. PARENTESCO NAPOLEÓNICO.

¿Qué parentesco tenía el primer esposo de la segunda mujer de Napoleón con el segundo esposo de la primera mujer de Napoleón?

162. UNA APUESTA Y NOS VAMOS.

En el casino, un señor, sólo apuesta al número 36, pues, según él, es el único que paga tantas veces como indica el número.

¿Qué otro número admite este singular sistema?

163. ¿TE SALVÓ LA VIDA?

Dos amigos van paseando por una calle; al ver uno de ellos a cierta persona, sostienen el siguiente diálogo:

Pedro: A ese médico que va por la otra acera, le debo el poder ir caminando en estos momentos contigo por la calle.

Luis: ¿Es que te salvó la vida?

Pedro: No, pero...

¿Cuál fue el resto de la contestación de Pedro?

164. UN REPARTO DE MANZANAS.

Reparta 5 manzanas entre 6 niños.

El reparto debe hacerlo de tal modo, que ninguna manzana sea dividida en más de 3 partes.

165. DE MAYO A FEBRERO.

Un niño nació el 13 de mayo de 1683 y falleció el 19 de febrero del mismo año.

Cómo es posible?

El archivo (**Tumba.jpg**) es la fotografía de una tumba
de la catedral de Salisbury que muestra el enunciado de este acertijo.

166. AYER, HOY Y MAÑANA.

Cuando mañana sea ayer, el día de hoy estará tan próximo al domingo como lo estaba cuando ayer era mañana.

¿Qué día es hoy?

167. CONFUSA CONVERSACIÓN.

Dos niños, confundidos con los días de la semana, hicieron una pausa en su camino a la escuela para aclarar las cosas.

«Cuando pasado mañana sea ayer», dijo María, *«entonces el hoy estará tan distanciado del domingo como el hoy de cuando anteayer era mañana»*.

¿En qué día se produjo esta misteriosa conversación?

168. EL OBISPO EN VISITA PASTORAL.

Iba una vez un obispo haciendo la visita pastoral con su capisayo, báculo y comportamiento y al pasar por un puente de madera, tendido sobre un río, vio que debajo estaba un hombre pescando y le preguntó qué era lo que pescaba.

El interpelado, tras una amable reverencia, contestó al obispo: *«Lo que pesco, lo echo al río y, lo que no pesco, me lo llevo a casa»*.

¿Qué pescaba el hombre?

169. TOPOLOGÍA POLICIAL.

El inspector Clouseau informaba detenidamente al Comisario acerca del escenario de un crimen que acababa de explorar cuidadosamente.

Clouseau: La casa tiene sólo 5 habitaciones sin pasillo alguno. Cada habitación tiene dos puertas y la casa, a su vez, una sola entrada principal (que es una de las dos puertas de una de las habitaciones) sin ninguna otra salida. Al criminal, que entró por la puerta, no se le vio salir por ella, y como salir por las ventanas es imposible, estará escondido en la casa.

Comisario: ¡Basta inútil! Vuelva al lugar del crimen y aprenda a fijarse mejor para otra vez.

Si el Comisario era un excelente matemático, ¿puede Vd. explicar su reacción?

170. ALTERNANDO VASOS CON VINO Y VACÍOS.

En una hilera hay ocho vasos.

Los cuatro primeros están llenos de vino y los cuatro siguientes, vacíos.

Para formar con ellos una hilera donde los vasos llenos y los vacíos se vayan alternando, sin mover más de cuatro vasos, basta con permutar entre sí los vasos segundo y séptimo, y después, el cuarto con el quinto.

¿Y por qué mover cuatro vasos?

¿Sabría Vd. hacerlo moviendo sólo dos vasos?

171. EL DUELO DE LOS ESCOCESES.

Dos escoceses, de los más tacaños de Escocia, van a batirse en duelo y deciden dirimir sus diferencias en la tierra de sus antepasados, de modo que toman juntos el tren para Edimburgo.

Después del duelo, el superviviente regresará a Londres.

El billete de ida y vuelta, como es habitual, sale más barato que un billete de ida y otro de vuelta comprados por separado.

El primer escocés saca billete de ida y vuelta, y el segundo sólo de ida.

¿Cuál de los dos escoceses es el más ahorrativo, listo y optimista?

172. LOS BOMBEROS Y EL VINO.

Un señor entró en un bar y pidió dos vasos de vino: uno blanco y otro tinto.

Cogió el vaso de vino tinto con la mano derecha y el de blanco con la izquierda.

Con aspecto serio, bebió el vino tinto de un solo trago; lo mismo hizo, seguidamente, con el blanco.

Dio las buenas tardes, pagó y se marchó.

Al día siguiente volvió y pidió lo mismo.

Pero, en esta ocasión, fue el vaso de vino blanco el que cogió con la mano derecha y el de tinto con la izquierda.

El camarero que había observado al cliente los dos días, le comentó: *«No sabía que los bomberos tomaran vinos de este modo»*.

Un lacónico *«buenas tardes»* fue toda la respuesta.

¿Cómo supo el camarero la profesión del cliente?

173. TIRITANDO POR UNA VOCAL.

¿Cree Vd. que por culpa de una letra, vocal para más señas, se puede tiritar de frío?

174. EN EL MÉDICO.

El doctor: Le recomiendo, que dado su agotamiento y cansancio, no haga trabajos de cabeza.

Paciente: Pero, eso es imposible, doctor.
¿A qué cree Vd. que será debida tal imposibilidad?

175. DISTRIBUCIÓN DE NÚMEROS.

Dividimos los números del 0 al 14 en tres grupos:

Grupo A	Grupo B	Grupo C
0 3 6 8 9	1 4 7 11 14	2 5 10 12 13

¿En qué grupo incluiríamos los números 15, 16 y 17?

176. LOS NUEVE PLATOS DISTINTOS.

Cinco amigos pasan sus vacaciones en un país cuya lengua desconocen.

En el restaurante donde cenan, sólo sirven nueve platos combinados distintos, cuyos nombres no entienden y de los cuales tampoco hay fotos.

Hoy, día 9 de julio, va a ser el primer día que cada uno pida su plato favorito para cenar.

¿Qué día comenzaron las vacaciones?

Aclaración: Los cinco platos que piden cada vez, el camarero se los deja desordenados en el centro de la mesa.

177. DIALOGO DE BESUGOS.

El otro día fui testigo del siguiente diálogo:
-   Yo me puedo morder un ojo con facilidad.
-   Claro, como que tienes un ojo de cristal. Te lo sacas y iñam!
-   Lo sabías, ¿verdad? Pues ahora te demostraré que también puedo morderme el ojo sano.
¿Cómo cree Vd. que se mordería el ojo fetén?

178. HONESTO CON LAS SEMILLAS.

Un rey quería dejar el trono al más honesto de sus tres hijos.

Dio a cada uno un paquete con semillas de flores y les dijo: *«Plantar estas semillas y al que le crezcan las flores más hermosas heredará el trono»*.

Al cabo de tres meses, el rey comprueba las flores.

Dos de sus hijos tenían unas flores hermosas, mientras que el más pequeño sólo tenía malas hierbas y ninguna flor.

El rey dio el trono al hijo pequeño. ¿Por qué?

179. EL NIÑO VA A LA COMPRA.

Generalmente las amas de casa cuando mandan a su hijo a por un kilo de cerezas, uvas, etc., al supermercado reciben 800 gramos aproximadamente.

No saben si el niño se las ha comido o le han engañado en el peso.

¿Qué deben hacer para que esto no ocurra?

180. OJEANDO EL DADO.

Se muestran cuatro vistas del mismo dado.

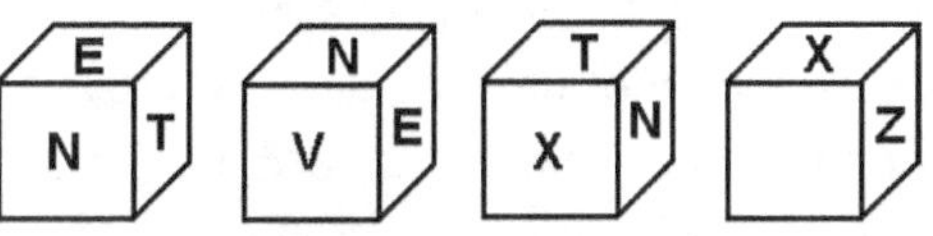

¿Qué letra falta en la cuarta vista?

181. ROBO DE JOYAS.

Robó en una joyería y metió en un saco: relojes, pulseras, pendientes, colgantes y todo lo que tuvo a la vista, hasta la caja registradora.

Cuando huía fue perdiendo por el camino todo lo que había robado.

¿Por qué cree usted que le ocurrió eso?

182. EN CASA DE LA ABUELA.

Dos niños van a pasar algunos días junto a su abuela.

Por la noche, antes de acostarse, dicen sus oraciones.

Después, casi gritando, uno de ellos añade: *«Señor, acuérdate de traerme un bonito tren, porque mañana es mi cumpleaños».*

«Pero, ¿por qué gritas tanto», dice su hermano, *«el Señor no está sordo».*

¿Vd. por qué cree que gritaba tanto?

183. EL ESPÍA DETENIDO.

En la Segunda Guerra Mundial los americanos han de enviar a un espía a Berlín.

Preparan a un oficial, completamente bilingüe, que ha vivido en Alemania desde muy pequeño.

Le hacen fabrican el uniforme, le instruyen sobre todas las cuestiones políticas, militares, etc. de los nazis y cuando ya está totalmente preparado le envían.

Al llegar a Berlín, entra en una cafetería con su uniforme de las SS e inmediatamente le detienen.

Si el uniforme es perfecto, su alemán también y que no le ha delatado ni el acento, ni nada que haya podido decir o hacer, ¿cómo es posible que supieran, nada más entrar, que era un espía?

184. INSULTOS FAMILIARES.

El otro día en la plaza del pueblo, el hijo del señor López, un chico inteligente y muy educado, estaba soltando improperios, sin venir a cuento, contra toda su familia.

Un turista que pasaba por allí se le acercó y le dijo: *«No le da a Vd. vergüenza de lo que está diciendo. Si su padre le oyera se llevaría un gran disgusto».*

A lo que el joven contestó: *«Vd. qué sabe, si mi padre me oyera se llevaría una gran alegría».*

¿Cómo es posible un diálogo de este tipo?

185. SUPRIMIENDO LA ÚLTIMA CIFRA.

Se suprime la última cifra de un número y este se hace 14 veces menor.

¿Qué números cumplen esta propiedad?

El archivo (**Suprimiendo la última cifra.xls**) contiene
la solución de este acertijo hecha con EXCEL.

186. A PUERTA CERRADA.

Un juicio se inició con el siguiente diálogo:

Acusado: Ruego a su señoría que el juicio se celebre a puerta cerrada.

Juez: No lo entiendo, pues este juicio no atenta contra su honor, ni su pudor.

¿A qué será debida la súplica del acusado?

187. EL PEQUEÑO PRÉSTAMO.

Un madrileño muy rico, pero muy ahorrador, solicita un préstamo a un banco.

El hombre quiere un préstamo de 100 dólares y dejar como fianza en el mismo banco su BMW valorado en 3.000 dólares.

El oficial del banco no encuentra razón alguna por la que un hombre tan rico solicite un préstamo tan pequeño, pero no ve ninguna razón de rechazar su concesión, así que le fue concedido.

Un mes más tarde el hombre vuelve, devuelve el préstamo, más el interés de un mes, y se lleva su BMW.

¿Por qué pidió el préstamo?

188. ERRORES DE JUVENTUD.

Un recluso de 80 años, lleva en la cárcel 15 años.
Según dice él, por errores de juventud.
Con su edad, ¿cómo es posible?

189. DENUNCIA RETRASADA.

Un hombre y su esposa estuvieron de vacaciones la primera quincena de agosto.

El 10 de octubre de ese mismo año, el hombre se presentó en comisaría a denunciar la localización de un cuerpo cerca del lugar donde ellos habían estado de fiesta el día 10 de agosto durante las vacaciones.

La policía agradeció al hombre la noticia y le preguntó por qué no había ido mucho antes a realizar la denuncia.

¿Cuál cree Vd. que fue la razón?

190. LOS PÉTALOS.

Los pétalos de la flor adjunta esconden su nombre.

Han desaparecido las vocales.
¿De qué flor se trata?

191. LAS PÍLDORAS DE LA VIEJA.

Una anciana de más de setenta años, le pidió al médico una receta para píldoras anticonceptivas.

El doctor: Si me prueba que realmente las necesita se las doy gratis.

La anciana dejó convencido al doctor.

¿Cuál cree Vd. que fue su explicación?

192. EL REY Y SU ADIVINO.

Un rey tenía en palacio a un adivino que se mofaba de él cuando no estaba presente.

Cierto día le sorprendió y le prometió hacerle la última consulta de su vida antes de matarle. El adivino ideo un plan para no morir.

El rey le preguntó: *«¿Cuándo moriré?»*.

El adivino dio una respuesta que le salvó la vida.

¿Cuál fue la respuesta?

193. EL LADRÓN DE SOGAS DE CAMPANA.

En la torre de una iglesia hay dos campanas; las sogas pasan por dos orificios (separados unos 30 cm. uno de otro) practicados en un techo alto y cuelgan hasta el suelo de la estancia.

Un ágil acróbata, provisto de un cuchillo y dispuesto a robar la máxima longitud de las dos cuerdas, encuentra que la puerta de la escalera que conduce al piso superior está cerrada con llave.

No hay escaleras ni ningún otro objeto sobre el que pueda ponerse de pie. Por lo tanto, para llevar a cabo su hurto no tiene más remedio que trepar por las sogas y cortarlas por el punto más alto posible. Sin embargo, el techo es tan alto que una caída desde un tercio de la altura sería fatal.

¿Qué procedimiento le permitirá obtener la máxima longitud de cuerda?

194. DOBLE JUEGO.

Dos hombres juegan al ajedrez.

Juegan cinco partidas y cada uno gana la misma cantidad de partidas que el otro.

¿Cómo es posible si nunca hicieron tablas?

195. PREDECIR LA CUENTA.

El último día del año un matemático se vio sorprendido por la extraña manera en que su hija pequeña contaba con los dedos de la mano izquierda.

Empezó por llamar 1 al pulgar, 2 al índice, 3 al anular, 4 al corazón y 5 al meñique; en ese momento invirtió la dirección, llamando 6 al corazón, 7 al anular, 8 al índice, 9 al pulgar, 10 de nuevo al índice, 11 al anular, y así sucesivamente.

Continuó contando hacia adelante y hacia atrás hasta llegar a contar el 20 de su dedo corazón.

Padre: ¿Qué demonios estás haciendo?

Hija: Estoy contando hasta 1.962 para ver en qué dedo termino.

Padre: (Cerrando los ojos) Terminarás en el ...

Cuando la niña terminó de contar vio que su padre estaba en lo cierto.

¿Cómo llegó el padre a su predicción y qué dedo predijo?

El archivo (**Predecir la cuenta.xls**) contiene
la solución de este acertijo hecha con EXCEL.

196. LA DOCENA DE MANZANAS.

Un padre tiene una canasta con una docena de manzanas y quiere repartirlas en partes iguales entre sus tres hijas, pero de manera que queden en la canasta cuatro manzanas.

¿Cómo hace, sin cortar ninguna de las manzanas?

197. CAFÉ FRÍO, CAFÉ CALIENTE.

Ayer me pasó algo curioso. Me serví una taza de café, y de inmediato empecé a tomarlo. Estaba frío. Lo tiré al lavabo, y volví a servirme en la misma taza y de la misma cafetera, que no estaba al fuego.

El café, ahora, tenía una temperatura agradable, y lo tomé con el mayor de los gustos.

¿Cómo se explica?

198. EL PRECAVIDO ANASTASIO.

El orden y la previsión fueron eje y guía de la vida de Anastasio. Un día, encontrándose en Jaraiz de la Vera (Cáceres), decidió realizar una marcha hasta Garganta de Olla, típica localidad de la sierra cercana. Anastasio se pasó 13 días analizando todas las circunstancias que concurrían en su proyecto y otros 22 días preparando su mochila, donde no faltaba ni el certificado de garantía de la misma. Satisfecho y seguro, emprendió la marcha un soleado domingo. Cada 100 metros consultaba la brújula y el reloj; media la temperatura del agua de la cantimplora, impregnaba sus botas de grasa de caballo y se palpaba el bolsillo trasero del pantalón, a fin de comprobar que el peine seguía en su sitio. A los 4 km. de viaje surgió lo imprevisto. Delante de él tenía un pequeño puente de madera, único lugar por el que se podía atravesar un bucólico y profundo arroyo. Un visible letrero indicaba el peso máximo que podía soportar: 120 kilos. Anastasio no lo dudó. Regresó inmediatamente al pueblo, sacó al boticario de la cama, le hizo abrir la farmacia y, una vez que comprobó que la báscula había sido regulada recientemente, se dispuso a pesarse. Para ello se cargó la mochila, se puso las gafas, echó tierra en las botas y colocó en su frente unas gotas de agua concentrada, a modo de sudor. Como el conjunto pesaba 82 kilos, Anastasio inició de nuevo la marcha con el garbo que proporciona la seguridad plena. Al cruzar el puente, este se derrumbó, por lo que nuestro hombre y toda su organización fueron a parar a lo más profundo del arroyo. El dramático silencio que inundó el ecosistema fue roto por la voz de Anastasio que decía: *«¡Por qué! ¡Por qué!...».* El eco pareció convertir la frase en interrogativa: *«¿Por qué? ¿Por qué?...».*

¿Por qué le pasan estas cosas al precavido Anastasio?

[Extraído de "Comecocos" (J. J. Rivera)]

199. ATRAPEN AL LADRÓN.

El dueño de un apartamento tiene suficientes motivos para creer que un ladrón está al acecho para robar en su apartamento.

Contrata a un detective y lo mete en el interior del apartamento.

Un día llamaron a la puerta, salió a abrir, y el hombre que había llamado dijo muy nervioso: *«Perdón, pensé que este era mi apartamento»*, y se fue.

El detective llamó a la policía inmediatamente para arrestarle, ¿por qué?

200. MUCHOS TRIÁNGULOS.

¿Cuantos triángulos hay en la figura adjunta?

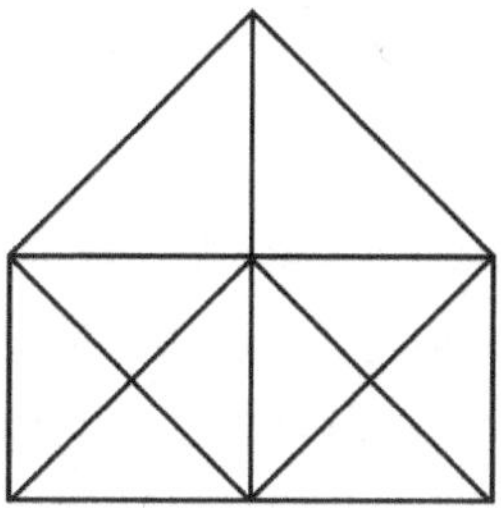

201. LA CASADA DEL HELADO.

Tres mujeres están comiendo un helado.
Una lo succiona, otra lo lame y otra lo mordisquea.
¿Cuál de las tres está casada?

202. EQUILIBRIO DE LAS FICHAS DE DOMINO.

¿Es posible mantener en equilibrio las 28 fichas del juego del dominó, sobre una sola ficha?

En caso afirmativo, ¿cómo?

203. DAVID Y LA ARISTOCRACIA.

David es un hombre sencillo, humilde, bien educado eso sí, pero más pobre que las ratas.

Es un perfecto ejemplar de pueblo llano, pues entre sus antepasados no hubo nunca un título nobiliario, ni siquiera de bachiller.

Pues bien, a pesar de eso, David se codea y alterna con los aristócratas, y no como criado, sino de igual a igual y con todo derecho.

¿Por qué?

204. SEÑORITA LICENCIADA.

Una señorita, licenciada ella, estaba increpando a su novio.

No puedo imaginar lo que él le había hecho, pero debió ser algo gordo, ya que ella muy enfadada, le decía: *«¡Cara-dura! ¡Feo! ¡Cochino! ¡Cafre! ¡Landrú!».*

¿En qué estaba licenciada esta señorita?

205. AVARICIOSO CASTIGADO.

Un campesino se dirigía a la ciudad, pensando triste-mente que el dinero que llevaba no iba a ser suficiente para comprar el lechoncillo que deseaba.

A la entrada del puente se encontró a un raro tipo (era el diablo, ni más no menos) que le dijo: *«Conozco tu preocu-pación y voy a proponerte un trato. Si lo aceptas, cuando hayas cruzado el puente tendrás en tu bolsa doble dinero que al empezar. No cuentes el dinero, que sería desconfian-*

za y por tu parte, sólo debes contar 32 monedas que echarás al río; yo sabré encontrarlas y estas serán mi paga».

Aceptó el aldeano, y apenas cruzado el puente comprobó, lleno de alegría y sin necesidad de contar, que su bolsa pesaba bastante más que antes.

Con gran contento echó las 32 monedas al agua.

Le vino entonces la tentación de repetir la acción y no supo resistirla, así que de nuevo pasó el puente, duplicó el dinero de su bolsa y pagó con 32 monedas.

Todavía una tercera vez hizo esto mismo y, entonces, desolado, comprobó que se había quedado absolutamente sin dinero.

Desesperado, se tiró desde el puente al río, y el diablo cobró así su trabajo.

¿Cuánto dinero llevaba el campesino cuando le propusieron el malvado trato?

El archivo (**Avaricioso castigado.xls**) contiene
la solución de este acertijo hecha con EXCEL.

206. UN AHORCADO EN EL GRANERO.

En un enorme granero de madera totalmente vacío, hay un hombre ahorcado de la viga central.

La soga con la que se ahorcó mide tres metros, y los pies penden a treinta centímetros del suelo.

La pared más cercana se encuentra a seis metros.

No es posible trepar ni a las paredes ni a la viga, y sin embargo el hombre se ahorcó el mismo.

¿Cómo lo hizo?

207. UNA SOLA PERNERA.

Diálogo en la planchadora:

- ¿Cuánto cobra usted por planchar unos pantalones?
- Dos euros.
- Tenga uno y pláncheme una sola pernera, pues...

Pues, ¿qué?

208. EL CUADRO.

Diálogo entre amigos:

- ¿Qué representa este cuadro: La salida o la puesta del sol?
- Estoy seguro, la puesta.
- ¿Y cómo lo sabes si no hay ningún signo que lo demuestre?

¿Usted por qué cree que estaba tan seguro de que era la puesta del sol?

209. CHATEANDO.

Dos deportistas, chateando por Internet, quedan a las siete de la tarde en un bar de la ciudad para tomar una cerveza y conocerse personalmente.

Uno de ellos dice que irá al bar en chándal.

El bar a las siete de la tarde estaba lleno de deportistas, todos ellos en chándal.

Si no hablaron nada del color del chándal, ¿cómo es posible que se reconocieran al instante?

210. EN CUATRO PARTES IGUALES.

La figura adjunta, que está formada por la combinación de un cuadrado y la mitad de otro hay que dividirla en cuatro partes exactamente iguales.

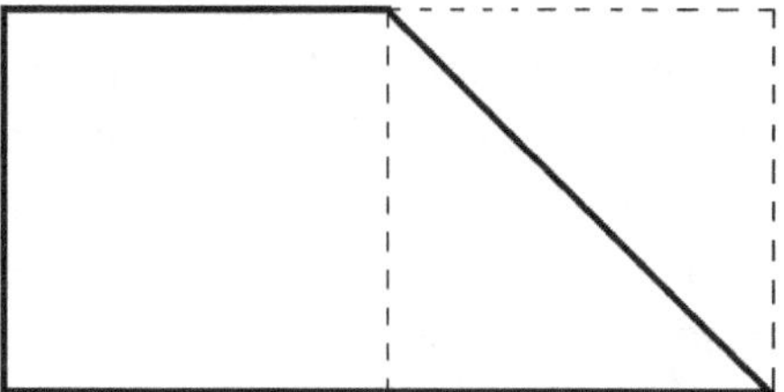

¿Sabría Vd. dividirla?

211. EL PRESO FUGADO.

Un preso fugado iba caminando por una carretera comarcal cuando vio acercarse velozmente un auto de la policía.

Aunque la intención del fugado era huir hacia el bosque, echó a correr 10 metros en dirección al vehículo que se acercaba.

¿Hizo esto para mostrar su desdén por las fuerzas del orden, o pudo tener otra razón más poderosa?

El siguiente es real como la vida misma.

212. BULTOS NO TAN GRANDES.

Determinada empresa de autobuses no permite que los pasajeros lleven en los autobuses bultos que midan más de cuatro metros de largo.

Un hombre tiene una caña de pescar que mide cinco metros.

¿Cómo puede hacer para llevarla en un autobús de la citada empresa?

Y no me diga que partiéndola, doblándola, etc.

213. DE NEGRO Y SIN LUZ.

Un señor, totalmente vestido de negro, regresa a su casa caminando por la calzada de una calle desierta.

Todas las farolas están apagadas y no hay luna.

Un coche, con los faros apagados, aparece a toda velocidad por la espalda del caminante.

En el último momento, el conductor logra esquivar al peatón y evita así un terrible accidente.

¿Cómo se las arregló para verlo?

214. EXTRAÑA SITUACIÓN.

Cinco personas (cuatro hombres y una mujer) caminan por las afueras de la ciudad cuando comienza a llover.

Los hombres apresuran el paso y la mujer no hace nada por ir más deprisa, sin embargo no se moja y llega a su destino a la vez que los hombres.

¿Cómo es posible?

215. TRIÁNGULO CON CUATRO BOLAS.

Con 10 bolas de billar, numeradas del 1 al 10, ¿será posible construir un triángulo invertido, utilizando todas las bolas, de tal modo que el valor de las bolas inferiores sea la diferencia en valor absoluto de las dos superiores?

Hay cuatro soluciones, excluyendo simetrías. *(George Sicherman)*

O O O O
O O O
O O
O

El archivo (**Triángulo con 4 bolas.xls**) contiene este acertijo.

216. DELICADA.

Una señora entró en la carnicería y dijo: *«Quiero un kilo de carne sin grasa, sin hueso, sin nervios y sin venitas».*

¿Qué le contestaría el carnicero?

217. RAZÓN LÓGICA.

Cinco pedazos de carbón, una zanahoria y una bufanda yacen sobre el césped.

Nadie los puso allí pero hay una razón perfectamente lógica para ello.

¿Cuál es?

218. LA BOMBILLA Y LOS INTERRUPTORES.

Imagínese Vd. frente a una puerta cerrada que conduce a una habitación en donde hay una luz que proviene de una bombilla, pero donde está no puede ver si esta encendida o apagada.

Donde está Vd. hay cuatro interruptores de los cuales sólo uno enciende la bombilla del otro lado de la habitación.

Puede Vd. activar o desactivar los interruptores cuantas veces quiera, pero sólo puede abrir la puerta (para ver el estado de la bombilla) una sola vez.

¿Cómo hará para determinar cuál es el interruptor que enciende la bombilla?

219. VACACIONES EN TENERIFE.

Un madrileño decidió pasar sus vacaciones de verano en Tenerife.

Se puso en contacto con un amigo suyo residente en aquella isla para reservar un apartamento.

Los dos amigos se pusieron de acuerdo y no necesitaron ningún medio electrónico, postal ni de cualquier otro tipo para entenderse, tan sólo hablaron.

¿Cómo es posible?

220. MUCHOS CUADRADOS.

¿Cuantos cuadrados hay en la figura adjunta?

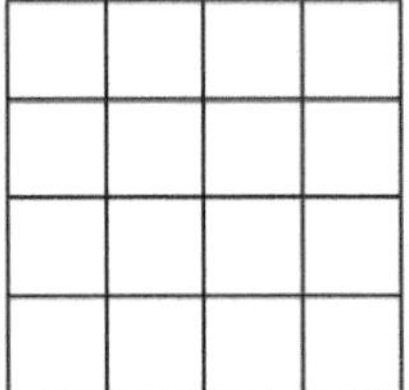

221. MUERTOS SIN MARCAS.

Antonio y Cleopatra yacen muertos en el suelo de una villa de Egipto.

Cerca hay un cuenco roto.

No hay ninguna marca en sus cuerpos y no fueron envenenados.

¿Cómo murieron?

222. MUERTO CON UN PAQUETE.

Un hombre yace muerto en un campo.

A su lado hay un paquete sin abrir.

No hay nadie más en el campo.

¿Cómo murió?

Ayuda: Conforme se acercaba al lugar donde se le encontró muerto, sabia que irremediablemente moriría.

223. LÍO DE GEMELOS.

Un día Benito celebro su cumpleaños, dos días después, Antonio, su hermano gemelo mayor, celebraba el suyo.

¿Cómo es posible?

224. CADÁVER EN BAÑADOR.

En las entrañas de un bosque fue hallado el cuerpo sin vida de un hombre que llevaba puesto tan sólo el bañador, un tubo respiratorio y una mascarilla.

El lago más próximo estaba a 18 kilómetros y el mar a 100 kilómetros de allí.

¿Cómo había muerto?

225. LOS HERMANOS Y LOS MELONES (1).

Los hermanos Pablo y Agustín van al mercado con 30 melones cada uno.

Pablo vende 3 melones por un dólar (10 lotes) y obtiene 10 dólares.

Agustín vende 2 melones por un dólar (15 lotes) y obtiene 15 dólares.

Entre los dos llevan a casa 25 dólares (10+15=25).

Al día siguiente volvieron al mercado cada uno con otros 30 melones.

Como no querían tener dos precios diferentes, optaron por vender 5 melones por 2 dólares.

Hecha la venta, 12 lotes (60/5=12), obtuvieron 24 dólares (12x2=24).

¿Dónde está el dólar que falta de 24 a 25?

El archivo [Los hermanos y los melones (1).ppt]
contiene el enunciado de este acertijo.

226. EL PESO EXACTO.

El charlatán de la feria decía: *«Si en este papel, alguien es capaz de escribir su peso exacto, yo le daré 100 euros, en caso contrario, le cobraré 50 euros. ¡Anímense!».*

Un chico aceptó el reto enseguida y ganó.

¿Cómo es posible?

227. LAS 20 PARADAS.

En un trayecto de autobús que consta de 20 paradas, el precio del viaje vale para la primera parada, un euro, para la segunda parada, 2 euros, y así sucesivamente hasta la parada número veinte que cuesta 20 euros.

En el inicio del recorrido sube un pasajero y entrega al conductor 20 euros, y sin mediar ningún tipo de conversación le entrega un billete para la estación número veinte.

Efectivamente, el pasajero desea ir a la citada estación, pero, ¿cómo es posible que el conductor sepa con certeza que el pasajero va a la estación veinte?

228. EL EQUIPO DE BALONCESTO.

Hace diez días el equipo de baloncesto de un instituto de bachillerato, ganó un partido por 72 a 58.

Sin embargo, ningún jugador del equipo metió una sola canasta.

¿A que no sabe Vd. por qué?

229. EL CARACOL SUBE Y BAJA POR EL PALO.

Un caracol sube por un palo de 20 metros de altura, ascendiendo 3 metros durante el día y resbalando 2 metros por la noche.

¿Cuánto tiempo le llevará al caracol escalar hasta la punta del palo, y descender por el otro lado?

El borde superior del palo es afilado, así que cuando llegue allí, comenzará a descender en forma instantánea, dedicando el mismo esfuerzo a su diario descenso que el que dedicó a su ascenso, y resbalando al dormir por la noche, igual que antes.

El día se divide en 12 horas diurnas y 12 nocturnas.

230. ¿CUÁNTOS RECTÁNGULOS?

¿Cuántos rectángulos hay en la figura adjunta?

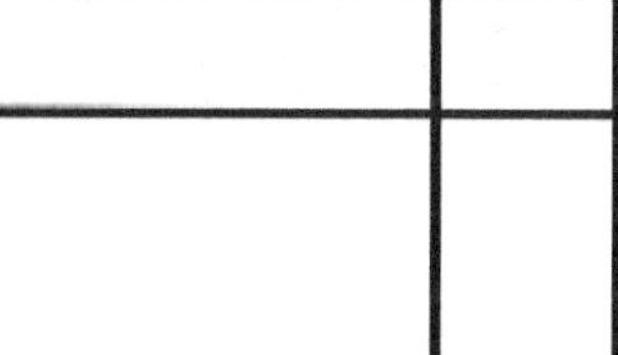

Ningún conjunto finito puede ponerse en correspondencia biunívoca con ninguno de sus subconjuntos propios.

La situación es distinta para los conjuntos infinitos.

Podemos definir los conjuntos infinitos precisamente por ser aquellos que pueden ponerse en correspondencia biunívoca con alguno de sus subconjuntos propios.

231. EL HOTEL DEL INFINITO.

En el centro de nuestra galaxia hay un hotel enorme, llamado Hotel del Infinito.

Tiene un número infinito de habitaciones, que se extienden hasta un espacio de dimensión superior a través de un agujero negro.

Las habitaciones están numeradas de 1 en adelante.

a) Un día, estando ocupadas todas las habitaciones, llegó el piloto de un OVNI, que iba camino hacia otra galaxia. A pesar de no disponer de habitaciones, el gerente consiguió dar alojamiento al piloto. ¿Cómo lo consiguió?

b) Al día siguiente se presentaron cinco parejas en luna de miel.

   ¿Podría el Hotel del Infinito recibirlos?

c) Ese fin de semana llegó un número infinito de comisionistas de chicle, para celebrar una convención.

   ¿Cómo dar habitación a un número infinito de ellos?

232. LAS CARTAS Y LOS SOBRES.

En cierta ocasión tuve que echar 4 cartas al correo.

Había terminado de escribir las cuatro y también tenía los sobres escritos, pero por descuido me equivoqué al meter algunas cartas en los sobres.

Sin embargo, sólo metí una carta en cada sobre.

O bien tres de ellas estaban bien o bien sólo dos, o bien me equivoqué en una.

¿Cuántas cartas estaban bien?

233. UN NÚMERO MÁGICO (2).

Escoja un número cualquiera de tres cifras, no todas iguales; por ejemplo, 373.

Construya otro ordenando sus cifras de mayor a menor: 733.

Ahora las ordena de menor a mayor: 337.

Reste: 733-337=396.

Repita la operación unas cuantas veces con este resultado y los sucesivos.

¿Qué observa?

El archivo (El **número mágico 495.xls**)
contiene este acertijo.

Los dos siguientes ejemplos dejan ver claramente que, al enfrentarnos con una serie de operaciones a ejecutar en el menor tiempo posible, la solución óptima no suele ser la que salta a la vista.

Procedimientos que inicialmente parecen perfectos pueden luego mejorarse considerablemente.

234. PAN TOSTADO.

Mi madre tiene una tostadora que sólo puede contener dos rebanadas de pan cada vez.

Después de tostar un lado de cada rebanada, le da la vuelta.

Cada lado tarda 30 segundos en tostarse.

¿Cómo puede tostar mi madre 3 rebanadas por ambos lados en minuto y medio en lugar de emplear 2 minutos?

235. LAS FAENAS DE CASA.

Los señores González tienen tres faenas domésticas que realizar:

a) Hay que pasar el aspirador al primer piso de su chalet. La tarea requiere 30 minutos y sólo disponen de un aparato.

b) Hay que cortar el césped. Sólo tienen una segadora; la tarea ocupa también 30 minutos.

c) Hay que darle de comer al bebé, y acostarlo. También para esto se necesitan 30 minutos.

¿Cómo deberían repartirse las tareas marido y mujer para terminarlas todas en el tiempo mínimo?

El siguiente pone de manifiesto que incluso las más sencillas tareas caseras pueden plantear complicados problemas de investigación operativa.

236. LA PREPARACIÓN DE LAS TOSTADAS.

Disponemos de un tostador de pan de tipo algo antiguo, en el que se introduce el pan abriendo unas portezuelas que tiene a los lados.

El aparato puede tostar a la vez dos rebanadas de pan, pero solamente por un lado.

Para tostar las dos caras de las rebanadas es necesario abrir las portezuelas y darles la vuelta.

Se necesitan 3 segundos para poner una rebanada en el tostador, 3 segundos para sacarla y otros 3 segundos para darle la vuelta sin sacarla.

Para cada una de estas operaciones es preciso utilizar las dos manos, con lo que se quiere decir que no es posible colocar, sacar o volver dos tostadas a la vez.

Tampoco es posible untar una tostada mientras se está colocando, dando la vuelta o sacando otra del tostador.

El tueste de un lado de una rebanada exige 30 segundos; para untar una rebanada de mantequilla hacen falta 12 segundos.

Las tostadas solamente se cubren de mantequilla por un lado.

No puede untarse un lado de una rebanada antes de tostarlo, pero sí podemos tostarla por un lado, sacarla y volver a colocarla en el tostador para terminar el otro lado.

Se supone que el tostador está ya caliente al comenzar.

¿Cuál es el tiempo mínimo necesario para tostar por los dos lados las tres rebanadas y untarlas de mantequilla?

Los (7) siguientes son de estilo parecido.

237. SACANDO CALCETINES (1).

En un cajón hay 20 pares de calcetines rojos y 20 pares negros.

¿Cuál es el menor número de calcetines que hay que sacar del cajón para estar seguro de sacar, por lo menos, dos del mismo color?

238. SACANDO CALCETINES (2).

En un cajón hay dos calcetines rojos, dos verdes y dos azules.

¿Cuál es el número mínimo de calcetines que hay que sacar de un cajón con los ojos cerrados para estar seguro de tener un par del mismo color?

239. SACANDO CALCETINES (3).

En un cajón hay 20 pares de calcetines rojos y 20 pares negros.

¿Cuál es el menor número de calcetines que hay que sacar para que salgan por lo menos dos calcetines de diferente color?

240. SACANDO CALCETINES (4).

En un cajón hay la misma cantidad de calcetines rojos que de azules.

Supongamos que el número más pequeño de calcetines que tengo que coger para estar seguro de que saco, por lo menos, un par del mismo color, es el mismo que tengo que coger para sacar, por lo menos, dos calcetines de diferente color.

¿Cuántos calcetines hay en el cajón?

241. SACANDO GUANTES (5).

En un cajón hay 20 pares de guantes rojos y 20 pares negros.

¿Cuántos guantes hay que coger del cajón a oscuras para estar seguro de que se ha escogido, por lo menos, un par de cada color?

242. LA CENA CON LOS AMIGOS (6).

Diez parejas de amigos se reúnen a cenar. Toman primero el aperitivo en el salón, y pasan después los veinte, uno a uno, en un orden cualquiera, al comedor.

Calcule Vd. las personas que han de haber entrado por lo menos para que podamos encontrar con seguridad:

a) Por lo menos una pareja junta.

b) Por lo menos dos personas del mismo sexo.

243. SACANDO BOLAS (7).

En una bolsa hay 12 bolas, 4 rojas, 4 amarillas y 4 verdes.

¿Cuántas deberá coger Manolo para asegurarse el conseguir, al menos, dos del mismo color?

244. REUNIÓN FAMILIAR.

Se encuentran nueve miembros de una familia.

Cada uno de ellos llega solo, pero todos llegan al mismo tiempo.

Por razones psicológicas muy complejas que no explicaremos aquí, cada uno abraza a 5 miembros de su familia y da la mano a los otros tres.

¿Dónde está el absurdo?

245. ORIGINAL TESTAMENTO.

Un mercader estando enfermo hizo testamento, dejando ciertos hijos, y cierta cantidad de hacienda, ordenando que al hijo primero le diesen la sexta parte de la hacienda, y 300 ducados más, y al segundo la sexta parte del restante, y 600 ducados más, y al tercero la sexta parte del restante y 900 ducados más, y con este orden en los demás, dando siempre a cada uno la sexta parte del restante, y 300 ducados más al uno que al otro.

Muerto el padre, partieron la hacienda, y hallaron que tanto vino al uno como al otro.

Pídese cuántos hijos dejó el padre, cuánta hacienda, y cuánto vino por cada uno.

El archivo (**Original testamento.xls**) contiene
la solución de este acertijo hecha con EXCEL.

246. FRASES PERFECTAS (1).

Rellene las siguientes frases donde y como corresponda.

a) "En esta oración hay exactamente ... sílabas".
b) "En esta frase, aunque no lo parezca, hay ... voca-
    les".
c) "Si no se rinde: acá hay ... vocales y ... consonantes".

247. FRASES PERFECTAS (2).

Rellene las siguientes frases dónde y cómo corresponda.

a) "Esta frase tiene ... vocales". ¿Qué número (expre-
    sado en letras) hay que poner para que resulte
    VERDADERA?
b) "Esta frase no tiene ... consonantes". ¿Qué número
    (expresado en letras) hay que poner para que resul-
    te FALSA?
c) "Esta frase no tiene ... letras". ¿Qué número (ex-
    presado en letras) hay que poner para que resulte
    FALSA?
d) "Esta frase tiene ... vocales y ... consonantes". ¿Qué
    números (expresado en letras) hay que poner para
    que resulte VERDADERA?

Los (3) siguientes son de estilo parecido.

248. INGENIO EN ÉPOCAS DE ESCASEZ (1).

Si un pobre fumador se hace con tres colillas un pitillo,
y dispone de 9 colillas, ¿cuántos pitillos puede fumar?

249. INGENIO EN ÉPOCAS DE ESCASEZ (2).

Un fumador empedernido se vio obligado a recoger colillas del suelo para poder fumar.

En una caja tiene almacenadas ya 64 colillas y con cada 4 de ellas se hace un cigarrillo.

¿Para cuántos cigarrillos tiene colillas?

250. INGENIO EN ÉPOCAS DE ESCASEZ (3).

¿Cómo poder fumar 3 cigarrillos disponiendo tan sólo de 6 colillas, en el supuesto de que sean necesarias tres colillas para hacer un cigarrillo?

El archivo (**Fumando colillas.xls**) contiene un modelo hecho con EXCEL, para resolver este acertijo y otros similares

LAS SOLUCIONES

QUE VIENE EL INSPECTOR. No es posible. Sencillamente llegó a un acuerdo con sus alumnos la semana anterior. Aquellos alumnos que conociesen la respuesta a la pregunta deberían levantar la mano izquierda, mientras que los que la desconocieran levantarían la mano derecha. De este modo, cuando el inspector realizaba una pregunta sencilla podía señalar con tranquilidad a un alumno mediocre, mientras que cuando esta era compleja escogía de entre los empollones a aquel que conocía la respuesta.

EL REVENTÓN DEL NEUMÁTICO. "Por 95 puntos: ¿Qué neumático se reventó?"

LOS INCONVENIENTES DE SER DESPISTADO. Cuando el profesor aceptó la apuesta del estudiante había olvidado por completo que dos de los estudiantes, que siempre se sentaban juntos, eran gemelos.

PENSAR CREATIVAMENTE. Simplemente contestó: *"Le daría las llaves del coche a mi amigo, y le pediría que llevara a la anciana al hospital, mientras yo me quedaría esperando el autobús con la mujer de mis sueños."*

Moraleja: Debemos superar las aparentes limitaciones que nos plantean los problemas, y aprender a pensar creativamente.

EL JUGLAR DE LOS TRES ACERTIJOS. *El juglar:* Las que su majestad ve con sus reales ojos, esto es cien millones. Y si no lo quiere creer puede empezar a contarlas.

Rió su Augusta Majestad a grandes carcajadas que fueron coreadas por toda la asamblea de cortesanos y, de esta forma, el juglar habilidoso y listo quedó en libertad.

EL CONDENADO A MUERTE. Eligió una papeleta y, con gesto fatalista, como correspondía a un árabe, se la tragó.

El sultán hubo de mirar la que quedaba, para saber lo que decía la elegida por el reo, con lo que su salvación quedó asegurada merced al Gran Visir y a su propio ingenio.

EL MAESTRO Y EL ALUMNO. La sentencia fue la siguiente: denegar la demanda del maestro, pero concediéndole el derecho a entablar querella por segunda vez, sobre una nueva base, a saber: la de que el alumno ya había ganado su primer pleito.

Esta segunda demanda debería ser resuelta, indudablemente, a favor del maestro.

EL BURRO DE HAKÍM. Hakím cargó el burro con dos sacos de arena. Tras zambullirse en el río eran más pesados.

1. La presunción errónea es que café significa "café líquido". Pero, si el pendiente cayó en una taza de café en grano, o en polvo, no es ningún milagro que siguiera seco.

Otra solución: Como también se le llama "café" al local en el que tomamos café, si se me cayó un pendiente en el café, podría ser al suelo.

2. La señora iba a pie, no en coche.

3. Carlos y Daniel fueron ese preciso día de Reyes al Banco de España.

Carlos se colocó delante, mientras Daniel dio la vuelta colocándose detrás del banco.

4. Congelar el contenido de ambas latas, y poner en el recipiente grande los dos trozos de hielo.

5. Si el número de partida fuese "ABCDEF", el valor de la suma final sería:

A + 5B + 10C + 10D + 5E + F.

Es decir: A + F + 5(B+E) + 10(C+D)

C y D no influyen ya que darían un cero al final.

B y E siendo a la vez pares o impares, tampoco, ya que darían un cero al final.

Nº FINAL: A+F, si B y E son a la vez pares o impares.

A+F+5, si B es par y E impar o viceversa.

El archivo (Magia con seis números.ppt)
contiene este acertijo.
El archivo (Magia con seis números.xls)
contiene este acertijo.

6. Prendemos fuego en la mitad de la isla, de manera que cuando lleguen las llamas del incendio inicial no tengan vegetación para arder.

7. El río Guadalquivir estaba helado cuando el reverendo Aceves se paseó sobre sus aguas.

8. Antes de empezar un partido de fútbol, el tanteo siempre es 0 a 0.

9. Un tren pasó por el túnel una hora después que el otro.

10. Los 50.000 lectores que contestaron "No hay solución posible" resolvieron el acertijo, ¡pues esa es la frase que da una vuelta completa por el planeta!

El archivo (Los canales de Marte.ppt) contiene
una presentación con este acertijo.

11. El loro era sordo.

12. Hundir el corcho en la botella.

13. La cerilla, no hay duda.

14. El coche anduvo marcha atrás.

15. (4-1-6) - (3-5) - (2).
El archivo (**Triángulo con 3 bolas.xls**)
contiene este acertijo.

16. El desconocido era un bebé que había nacido durante la ausencia de Esteban.

17. Si no ha podido resolver el problema a primera vista, pruebe a ponerse en lugar de la señora, reconstruyendo mentalmente toda la serie de sucesos.

¿Qué es lo primero que haríamos al tomar un taxi? Desde luego, decirle al conductor nuestro destino. Pero, si el taxista fuese sordo, ¿cómo podría saber adónde queremos ir? La señora, nada más pagar la carrera, se dio cuenta de que el taxista no podía ser sordo, pues supo llevarla hasta la dirección que ella le dio.

18. La persona que reparte se da a sí misma la última carta del mazo, y luego prosigue la distribución dando desde abajo en el sentido de las agujas del reloj.

19. Porque el hombre le había encargado billete de ida y vuelta a Sierra Nevada para él, pero sólo de ida para su mujer.

20. Ata una punta de la cuerda al árbol de la orilla, rodea la laguna llevando consigo la otra punta y, finalmente, ata esa punta de la cuerda al mismo árbol de la orilla. La cuerda, doble queda firme y tensa entre los dos árboles, con lo que nuestro hombre puede irse jalando por ella hasta la isla.

Observaciones: Si la cuerda fuese tensada entre ambos árboles, con una mitad a buena altura sobre el agua, y, la otra, más alta todavía, el hombre podría entonces ir deslizándose, en pie sobre la cuerda más baja, asiéndose a la más alta para no caerse, y no tendría siquiera que mojarse.

Si la cuerda fuese de cáñamo, o mejor de "cannabis", podría fumársela y "viajar" hasta la isla.

21. Si está viviendo en Barcelona, no puede ser enterrada en Madrid ni con permiso ni sin permiso. No es costumbre enterrar a los vivos.

22. Fue ilógico que mi mujer preguntara: *«¿C de qué?»*, si ya conocía la letra que le interesaba saber.

23. Echando poco a poco arena en el agujero el pajarillo irá subiendo hasta la salida.

24. Sencillamente, situamos la plana del periódico en el umbral de una puerta abierta. Una persona se sitúa de pie a uno de los lados, y la otra, una vez cerrada la puerta, del otro. La hoja de madera les impide tocarse sin tener que pisar fuera del periódico.

25.

GER	MAN
MAN	UEL
MAR	ISA
ISA	BEL

El archivo (**Los cuatro de la famiia.ppt**)
contiene una presentación con este acertijo.

26. Italia se halla en el hemisferio Norte; Argentina, en el Sur. Como consecuencia del movimiento de rotación de la Tierra, las aguas y masas de aire sufren desplazamientos o giros, de distintos sentidos en cada hemisferio. En el hemisferio Norte, el giro se produce en sentido contrario al de las agujas de un reloj. Y en el Sur, en el mismo sentido. El sabio observó el sentido de la rotación del agua en el lavabo y dedujo dónde se encontraba.

27. "Dividió la cuerda en dos", no significa que la haya cortado en dos trozos, cada uno de la mitad del largo original de la cuerda. Simplemente, destrenzó sus hilos, y así la dividió en dos, cada una del largo del original, pero de la mitad de espesor. Con las dos mitades y los nudos consiguió una cuerda cercana a 60 metros. Deslizándose ahora, el salto final es muy pequeño.

28. El cable del ascensor se rompió en el preciso instante de soltar el objeto.
El freno automático también falló, por supuesto.

29. La doncella. Las páginas 99 y 100 forman una sola hoja.

30. La letra opuesta a la H es la S.
La letra S está repetida en el dado.
El desarrollo del cubo se observa en la figura.

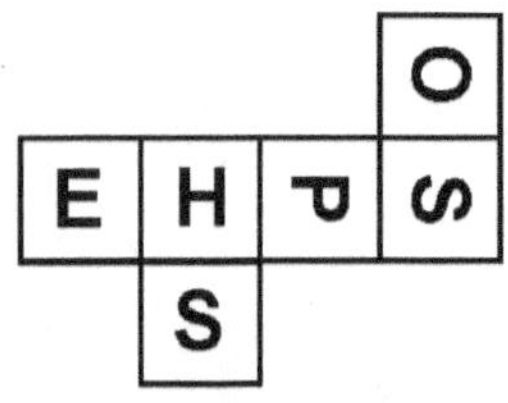

31. Se produce un bloqueo mental al presumir que la pelota ha de ser lanzada horizontalmente. Pero, nada hay en el enunciado del problema que impida lanzar la bola verticalmente, hacia arriba. ¡Claro, tras detenerse completamente invierte el sentido del movimiento y regresa por el mismo camino!
Otra solución sería hacer rodar la bola por una pendiente. Si quisiéramos descartarla tendríamos que especificar que la bola ha de viajar por el aire, sin tocar nada. Pero, el enunciado no contiene

esta condición, por lo que esta solución debe tomarse como co-rrecta.

32. Un 1. El partido se suspendió por quedarse el equipo A con menos de 7 jugadores.

33. Sólo arrancó cinco hojas de papel, porque las páginas 111 y 112 son ambas caras de una misma hoja.

34. 104. Si antes de la 21 hay 20, tras la 84 debe haber otras tantas.

35. Siendo: M=Moro y C=Cristiano. Los colocó así:

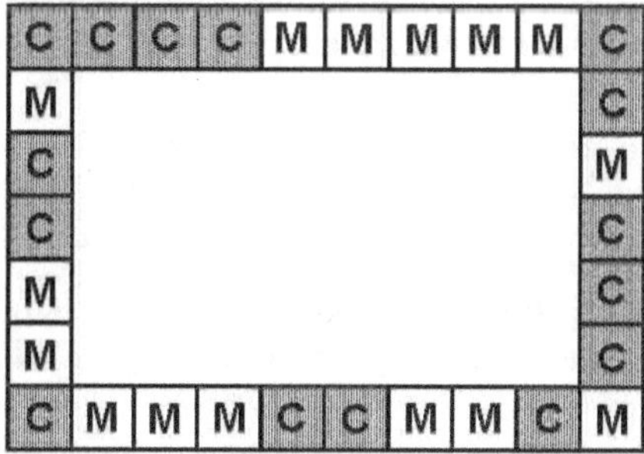

De pequeño, mi abuelo me enseñó el truco para aprender de memoria la colocación.

Había que aprenderse la siguiente frase:

"COMPUSE LAS FICHAS, LAS DETENIDAS PEREZCAN"

Las vocales hacen todo: A=1, E=2, I=3, O=4, U=5.

a)   En círculo así: C-C-C-C-M-C-C-C-C-M-C-C

Los moros ocuparían los lugares 5 y 10.

b)   En círculo así: C-C-hM-mM-hM-C-mM-mM-hM-hM-C-mM.

Los cristianos ocuparían los lugares 1-2-6-11.

Los hombres moros ocuparían los lugares 3-5-9-10.

Las mujeres moras ocuparían los lugares 4-7-8-12.

El archivo (**Moros y cristianos.ppt**) contiene una presentación con este acertijo.

36. Por supuesto, se espera que contestemos que 20 días, ya que el caracol realiza un avance real de un metro cada 24 horas.

Al final de 17 días, el caracol habrá escalado 17 metros, y al final de la tarea diurna del día 18 estaría en la cima.

37. Al analizar este acertijo, casi todo el mundo hace la hipótesis innecesaria de que era de noche.

Nada de esto se dice en él.

La habitación no quedó a oscuras porque era de día.

38. La presunción falsa es que solamente podemos leer con la vista. Pero el lector era ciego, y el libro, escrito en Braille.

39. La hipótesis implícita es que el hombre es de estatura normal.

En realidad es un enano que no alcanza a pulsar el botón del piso 25 del ascensor.

Un mal contador de chistes, contó este chiste, y empezó así: *«En el piso 25 de una torre vivía un enano...».*

Variantes de este acertijo incluyen la pista de que en los días lluviosos sube en el ascensor hasta el piso 25 usando su paraguas.

40. La siguiente figura muestra la solución.

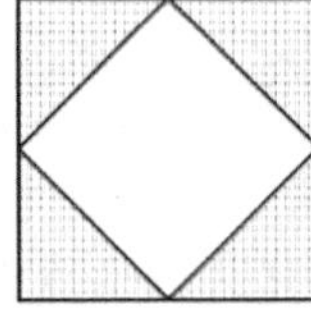

41. Gracias a Dios no llovía. En caso contrario...

42. Antes de reclamar al camarero, el cliente cargó de sal la sopa.

43. a) Eran trillizos.

b) Que hayan nacido en distinto mes, por ejemplo, Norberto puede haber nacido en enero, y Ruperta en noviembre, del mismo día, hora y año.

c) Podrían ser cuatrillizos. etc.

d) En un concurso, un alumno contestó: *«Porque eran animales»*.

44. Porque el último comensal, en vez de servirse la pescadilla, se la comerá en la misma fuente.

45. 19 años. Nació en 1981: 1 + 9 + 8 + 1 = 19
El archivo (**Carlos en el año 2000.xls**) contiene
la solución de este acertijo hecha con EXCEL.

46. Gulliver durmió muy mal.

Para cubrir el largo de un colchón suyo, Gulliver necesita 12 colchones liliputienses; para cubrir su largo y su ancho, necesita 12x12=144 colchones. Con 600 colchones que le traen le alcanza para hacer cuatro "capas".

En resumen, con los 600 colchones de Liliput sólo puede hacerse un colchón muy delgado, un tercio de lo normal.

[Lógicamente, la catedral era a escala de los liliputienses. Como no previeron la llegada de Gulliver, sería muy pequeña e incómoda para este, y peor si los colchones le quitaban espacio]

47. Ningún peluquero se corta el pelo a sí mismo.

Como la villa tiene solamente dos fígaros, cada uno lleva el corte de pelo que le hizo el otro.

Carlos fue prudente al decidirse por la más sucia de las peluquerías, pues su dueño le había hecho un corte de pelo perfecto al propietario de la otra.

48. Los dos acusados eran siameses.

49. Los órdenes de llegada de tres carreras fueron: ABC, BCA, CAB.

De tal forma, A le ganó a B dos de tres veces; B le ganó a C dos de tres veces; y C le ganó a A dos de tres veces.

50. Sí. Son operaciones verificadas en base 7, en lugar de en base 10.

55. Utilizaremos el siguiente esquema:
L(+3) * M(+2) * X(+1) * J(0) * V(-1) * S(-2) * D(-3)
En el ejemplo concreto: +3+1+1+0-2 = 3.
75 (clave) - 3 = 72 (Suma total de las cifras tachadas)
Otro ejemplo: Si hubiéramos tachado: 26, 13, 7, 23, 4.
+3+2+1-1-3 = 2.
75 (clave) - 2 = 73 (Suma total de las cifras tachadas)
Otro ejemplo: Si hubiéramos tachado: 27, 22, 2, 10, 18.
+2+0-1-2-3 = -4.
75 (clave) - (-4) = 79 (Suma total de las cifras tachadas)
El archivo (**El truco del calendario.xls**) contiene una
situación parecida a la de este acertijo.

56. No hubo ningún tipo de engaño.

Quedará claro si, por ejemplo, las cantidades abonadas por el judío hubieran sido: 10, 10, 10, 20.

En este caso concreto, el judío pagó el préstamo, pues la suma de esas cantidades es 50, y sin embargo la suma del debe sería 90.

La suma del debe no tiene por qué ser 50.
El archivo (**Prestar y recuperar 50 dólares.ppt**)
contiene una presentación con este acertijo.

57. Podría ser matemático. El último razonamiento es el más convincente.

58. El granjero tendrá 60 caballos. Por mucho que nos empeñemos en decir que las vacas son caballos, no por eso nos van a hacer caso.

Este problema es una variante de una broma debida a Abraham Lincoln. En cierta ocasión le preguntó a un individuo que mantenía que la esclavitud no era esclavitud, sino una forma de protección, cuántas patas tendría un perro si dijésemos que su cola es una pata. La respuesta, dijo Lincoln, es cuatro, porque llamar patas a los rabos no los convierte en patas.

59. Llevaba una naranja y el naranjo tenía una naranja.
Cogí la naranja del naranjo y bajé con dos naranjas.

60. A partir de una esquina de la mesa, corremos la caja una distancia igual a su largo.
Luego medimos con la regla, la distancia entre la esquina de la mesa y la esquina superior de la caja que está en la misma arista que A.

61. En el instante del encuentro, están a la misma distancia de Sevilla, de Madrid, y del cabo de Palos.

62. La realidad, es que puesto que el buque flota, su distancia de la cubierta al agua es siempre la misma.

63. El esclavo volvió la caja boca abajo y corrió la tapa lo justo para dejar caer unos cuantos diamantes.

64. No. Cualquier número formado por los nueve dígitos del 1 al 9 es múltiplo de 9, ya que la suma de esos nueve dígitos es 45, múltiplo de 9.

65.

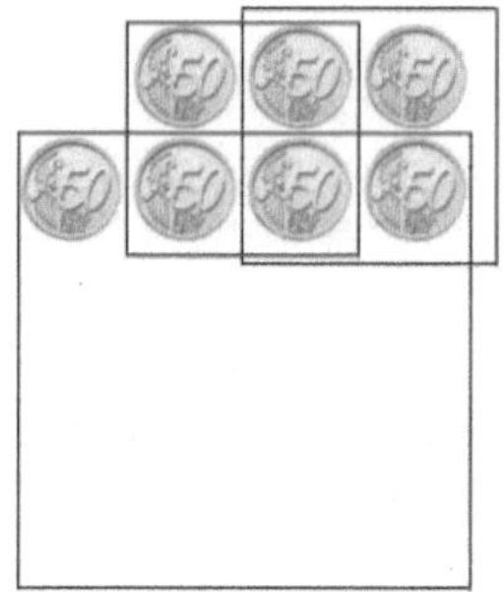

66. a) Blanco, evidentemente, pues el explorador se encuentra en el Polo Norte.

b) En el Polo Sur, ya que es donde viven los pingüinos.

Cabe una observación, y es que la solución al caso a) es correcta (es decir, el oso es blanco), pero sobra decir que se encuentra en el Polo Norte, pues también podría encontrarse en los alrededores del Polo Sur. Pero, a diferencia de los pingüinos, que prefieren el Polo Sur, los osos polares prefieren el Norte.

67. Se aplaude 39 veces del 1 al 100 y 40 veces del 101 al 200.

El archivo [**El juego de los aplausos (1).xls**] contiene
la solución de este acertijo hecha con EXCEL.

68. Las rodadas no eran de automóvil, eran de una silla de ruedas y el sospechoso estaba sentado en una.

69. Ya que han logrado superar la catástrofe sería poco idóneo enterrar a los supervivientes.

70. El solar forma una línea recta y no cubre ningún terreno.

71. Nada.

72. Ninguna. Para Villavieja iba yo.

73. El perro se llamaba "VIVA".

74. Cada día, uno partía y el otro elegía.
Nos esmerábamos mucho en conseguir mitades iguales.

75. Dejando caer el huevo desde una altura de metro y medio.
Así caerá un metro sin romperse, pero después... se romperá.

76. La idea clave consiste en darse cuenta de que "500" puede entenderse de dos formas; como un número, o como el nombre de un número, en este caso, de un guarismo de tres cifras.

Si cada una de las cifras (en plástico, por ejemplo) costase cien pesetas, las tres que componen el 500 costarían trescientas.

Elena había comprado tres cifras para colocar en casa.

77. Teresa es un cachorro de perro.

78. Llenando todo el vaso de agua o de cualquier fluido más denso que el aire: butano de la bombona de la cocina, vino, etc.

79. El mayordomo mintió al decir que 3 ladrones se repartieron las monedas en partes iguales dejando 2 de resto. Nunca queda un resto de 2 cuando se divide un número cuadrado por 3.

Todo número entero puede ser expresado en alguna de las tres formas siguientes: 3k, 3k+1, 3k+2, donde k es entero.

Al ser elevados al cuadrado dan $9k^2$, $9k^2+6k+1$, $9k^2+12k+4$, respectivamente.

El primero no deja resto al dividirse por 3, y los otros dos dejan resto 1.

80. Existe una explicación matemática para la forma de los alvéolos.

Si se piensa que han de ser polígonos regulares iguales y que no deben quedar espacios vacíos, o sea, que han de tener lados comunes, sólo hay tres posibles: el triángulo, el cuadrado y el hexágono.

La razón por la que eligieron el hexágono es muy simple: si consideramos un triángulo, un cuadrado y un hexágono de igual perímetro, por ejemplo 12, el polígono que tiene mayor área es el hexágono. Veámoslo:

En el triángulo: Perímetro=12 $\Rightarrow$ Lado=4.

Área = 2 x altura = 2 x $\sqrt{10}$ = 6'3245...

En el cuadrado: Perímetro=12 $\Rightarrow$ Lado=3.
Área = Lado x Lado = 3 x 3 = 9.
En el hexágono: Perímetro=12 $\Rightarrow$ Lado=2.
Área = 6 x apotema = 6 x $\sqrt{3}$ = 10'3923...

Luego, el hexágono es el que tiene mayor área. Así, las abejas pueden verter más miel en él con la misma cantidad de cera.

(En el conjunto de polígonos regulares con igual perímetro, el que tiene mayor área es el de mayor número de lados. Por consiguiente, el circulo es el que tiene mayor área. Sin embargo, este no nos sirve, porque no se puede yuxtaponer con otros sin dejar espacios vacíos)

«Las abejas, en virtud de una cierta intuición geométrica, saben que el hexágono es mayor que el cuadrado y que el triángulo, y que podrá contener más miel con el mismo gasto de material».
(Papus de Alejandría)

81. Se hunde.
Nadie ha dicho que estuviera encendida.

82. Una moneda de dos euros. y la otra de un euro.
Una de ellas (la de dos euros) no es de un euro.

83. Tres cerraduras. De cada cerradura harían dos llaves.
Siendo A, B y C las cerraduras de la caja, se repartirían las llaves así:
Para el primero: Llaves de A y B.
Para el segundo: Llaves de A y C.
Para el tercero: Llaves de B y C.

84. Solamente pueden entrar hasta la mitad. A partir de ella saldrían.

85. Nació en 1953. Murió a los 18 años.
El archivo (**Pobre Pío.xls**) contiene la solución
de este acertijo hecha con EXCEL.

86. Porque para que haya vistas hay que derribar el edificio de enfrente.

87. En el caramelo se había quedado pegada su dentadura.

88. Las balanzas, por desgracia, pesaban de menos y hacía tres años que se realizó la última inspección.

89. Al cabo de seis horas Raquel podría ordenar tres salones y Jorge desordenar dos.
Luego, en seis horas se ordena un salón.

90. Seis.

91. Que jueguen y se verá.
Aunque ningún ajedrecista que se precie llama "reina" a la "dama".

92. El lavaplatos.
Después de morir, los que vienen a despedirte van a dejar algo sucio que habrá que lavar.

93. *«Si sales mañana misma hora volverás a perder tren, abrazos Lola».*

94. No encontramos leña, ni carbón para hacerla y no tuvo más remedio que hacerla hervir con piñas secas.

95. *Para la baraja española de 40 cartas:*
Son necesarias 27 vueltas para regresar al orden de partida.

La carta que siempre está en su posición de partida es el 4 de copas.

Las cartas que repiten más veces su posición original hasta llegar al orden de partida son: el 5 de oros, el 2 de espadas y el 2 de bastos.

Para la baraja francesa de 52 cartas:

Son necesarias 12 vueltas para regresar al orden de partida.

La carta que siempre está en su posición de partida es el 5 de corazones.

Las cartas que repiten más veces su posición original hasta llegar al orden de partida son: la J de picas y el 6 de tréboles.

El archivo (**Volteando cartas.xls**) contiene
la solución de este acertijo hecha con EXCEL.

96. *«Perdone, profesor pero Vd. aseguró que sólo me haría una pregunta».*

97. Añadir alguna palabra amable a un telegrama.

98. No, era un vendedor de helados.

99. Si lo cargan muy deprisa, son chorizos.

100. En el de la izquierda: 0-1-2-6-7-8.
En el de la derecha: 3-4-5-0-1-2.
El 6 hace las veces de 6 y de 9.

101. El discurso era totalmente original.
El alumno estuvo repasándolo, palabra por palabra, en el diccionario.

102. Nunca existió tal personaje, porque en la Grecia antigua todavía no se había inventado el violín, ni se conocían las patatas ni el tabaco.

103. Era un vendedor de los helados.
Era un vendedor de la ONCE.

104. Sí. Es bombero.

105. Quedarán abiertos 31 casilleros.
Los que son cuadrados perfectos: 1, 4, 9, 16, 25, 36, 49, ...
Estos sólo son divisibles por tres números: el uno, él mismo y
su raíz cuadrada.
Su estado será: abierto, cerrado, abierto.
Los restantes números son divisibles por un número par de
factores, y por lo tanto, el casillero acabara cerrado.
El archivo (**Director creativo.xls**) contiene la solución
de un acertijo similar hecha con EXCEL para 250 alumnos.

106. Mi amigo tenía la sana intención de quitarse su zapato a
la vez que yo. De este modo, nunca podría hacerlo yo solo.

107. *Comentario del trabajador*: Es natural que así ocurriera, cada día me quedaba más lejos el bote de la pintura.

108. Los hoteleros.

109. Porque mi padre siempre está diciendo: *«Mira que coche
lleva aquel imbécil..., mira que suerte tiene aquel imbécil..., mira
que bombón sale con aquel imbécil...».*

110. Independientemente de cómo trepe el mono (rápido,
despacio o a saltos) el mono y la pesa siempre quedan enfrentados.
El mono no puede llegar por encima o por debajo de la pesa
por más que se suelte de la soga, se deje caer y vuelva a asir la
cuerda.

111. El que tenía la cara limpia, pues al ver la suciedad de la
de su compañero, imagina que la suya está igualmente negra.

112. Pasando a un cuarto contiguo, el profesor se echa boca abajo en el suelo, y "reptando" desde allí hasta la botella, se "desliza dentro" de la habitación.

113. Los gallos no ponen huevos.

114. Los otros dos eran mujeres.

115. Se obtiene el número 9.
El archivo (**El número mágico 9.xls**)
contiene este acertijo.

116. Un kilo de monedas de oro de 10 $ contiene dos veces más oro que medio kilo de monedas de 20 $. Por lo tanto, vale dos veces más.

117. El cirujano era la madre del muchacho.

118. El francés se besó la mano y después le dio un mojicón en la cara al oficial alemán.

119. De ser cierto no se hubiese podido saber lo que estaba soñando.

120. Sí, son iguales. Veamos:
$$(AB)^2 = R^2 + R^2 = 2R^2$$
Área del cuadrante = $\pi R^2/4$
Área del triángulo = $R^2/2$
Área del segmento de arco AB = $\pi R^2/4 - R^2/2$
Área de la luna = $\pi(AB)^2/8 - (\pi R^2/4 - R^2/2)$
$$= \pi R^2/4 - \pi R^2/4 + R^2/2 = R^2/2.$$

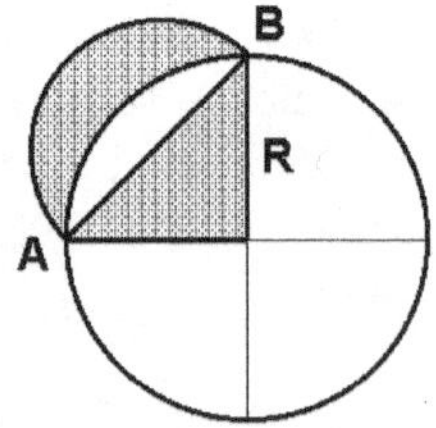

121. La chica tenía hipo, y el hombre trataba de quitárselo de un susto.

122. La aguja del tocadiscos no recorre los surcos. El "plato" y el disco son los únicos elementos que giran.

No obstante, sufre un desplazamiento, en forma de arco, desde el perímetro del disco hasta el centro del mismo, cuya medida es aproximada a la del radio del disco; en este caso, de 12'8 cm.

123. Por quedarse dormido en su trabajo de guarda nocturno.

124. Lo que los espíritus no han podido lograr aún es que una mesa de tres patas cojee, ya que por tres puntos (extremos de las patas) del espacio sólo pasa un plano (suelo).

125. Antes de desaparecer las 9 monjas eran 36, distribuidas así:

Planta Sup.				Planta Baja		
1	5	1		1	2	1
5		5		2		2
1	5	1		1	2	1

Con 9 menos la distribución quedó así:

Planta Sup.				Planta Baja		
3	2	3		1	1	1
1		1		1		2
4	1	3		1	1	1

Otra distribución después de desaparecer las 9 monjas:

Planta Sup.				Planta Baja		
3	1	3		2	1	1
1		2		1		1
3	2	3		1	1	1

El archivo (**Las monjas del convento.ppt**) contiene
una presentación con este acertijo.

126. El Sr. López, echando mano de su ingenio, desinfló las ruedas hasta que la altura del camión quedó disminuida en 5 cm.

127. Los pies izquierdos no coincidirán nunca. Al cabo de n pasos del marido ambos pisan con distinto pie, ya que la esposa habrá dado un paso extra.

Al cabo de dos veces esa cantidad de pasos, ambos coincidirán nuevamente al pisar con el pie derecho, tal como iniciaron la marcha.

El mismo ciclo se repite indefinidamente.

128. La hucha contendrá la misma cantidad de oro llena de monedas de cinco gramos que con monedas de diez.

Por consiguiente, el valor del oro es el mismo en ambos casos.

Se podría pensar que las monedas pequeñas llenarían la hucha más densamente que las grandes, pero no sucede así.

Al llenar un cubo de gravilla, la proporción de espacio hueco es la misma que llenándolo de cantos rodados.

129. Si hubiese alguna apuesta, Vd. contestaría sin dudar que sí, pero no lo haría si supiese que doblar 12 veces a la mitad un folio equivale a un grosor de 2 elevado a 12, es decir 4.096 pliegos uno sobre otro, midiendo cada pliego una décima de milímetro nos da un total de 409,6 mm.; ¡40 cm.!

Está claro que es imposible de hacer.

Si uno se esmera puede conseguir hasta 7 u 8 dobleces que está abismalmente lejos de la meta propuesta.

130. Nueve.

131. Con un poco de paciencia irá cogiendo granitos de arena e ira introduciéndolos dentro de la botella hasta que el nivel del agua suba lo suficiente como para poder beber.

132. Hizo que cada uno montase el caballo del otro pretendiente.

133. Además de que no se fechaban entonces las monedas, la expresión "antes de Cristo" es posterior al nacimiento de Jesucristo. La moneda es falsa.

134. A poco que se esté familiarizado con los magnetófonos, es fácil caer en la cuenta de que si Malavida hubiese parado el magnetófono cuando su asesino entró en la habitación, la cinta no estaría rebobinada.

El verdadero asesino debió sin duda escuchar varias veces la grabación, hasta estar seguro de que sonaba auténtica, y cometer después el error fatal de dejar la cinta rebobinada.

135.

2	9	4
7	5	3
6	1	8

El archivo (**Cuadrado mágico 3x3.xls**)
contiene este acertijo.

136. Los candados deben colgarse unos de otros.
En el extremo de dos de ellos estará la cadena.

137. Si no he podido abrir el buzón para recoger el sobre rojo, naturalmente tampoco puedo abrirlo para recoger la carta que me ha enviado indicándome el lugar donde se encuentran las llaves del buzón.

138. Porque el otro estaba solo y naturalmente tenía que usar la cerca para rascarse contra ella; pero, ustedes son dos, y si no fueran impostores, cada uno le rascaría la espalda al otro.

139. No debe sacarse el carnet. Sería dinero perdido ya que no le queda ningún partido que jugar en casa.

140. Sí, es posible. La figura hace innecesaria cualquier explicación.

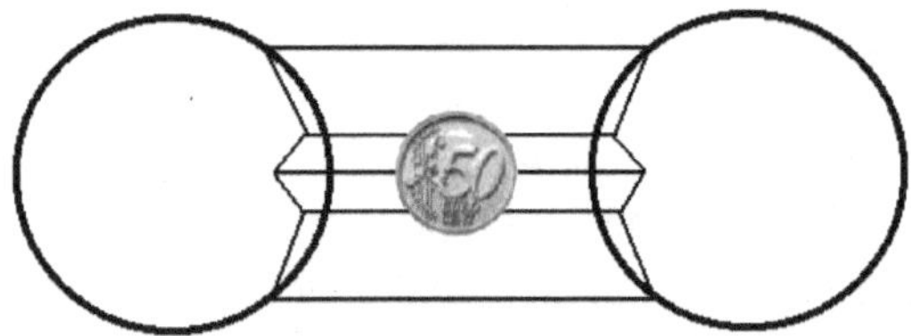

141. Cuando se oye ese comentario a los repartidores.

142. Deberá dirigirse hacia el hueso lo antes posible, ya que hay mucha competencia.

143. El séptimo hombre iba dentro del ataúd..

144. Las dos ya se están mirando pues están encaradas.

145.

1	4	3
7		5
6	8	2

El archivo (**AAAA - BBBB.xls**) contiene este acertijo.

146. No, porque 72 horas después volvería a ser medianoche.

147. El lo lo lo loro tar tar tartamudea.

148. Abriendo ambas a la vez.

149. En el escrito no se ha empleado ni una vez la letra a.

150. La diagonal corta a 12 cuadrados.
Regla para este caso: Si "B" es el número de cuadrados de la base y "A" el número de cuadrados de la altura:
Nº de cuadrados que corta la diagonal = B+A-1 = 6+7-1 = 12
En general: Nº de cuadrados que corta la diagonal = B+A-MCD(B,A).

151. Se desmayó.

152. En todo el párrafo no hay una sola letra i.

153. Abecedario.

154. El griego vivió 79 años. No hubo año 0.

155.

4	8	3	7	2	6	1	5

El archivo (**Del uno al ocho.xls**) contiene este acertijo.

156. Cualquier fecha sumada al número de años desde esa fecha totalizará el año actual. Dos de tales sumas serán el doble del año actual.

157. Supongamos que su padre se casó con 20 años, en 1857 por ejemplo.
Al año siguiente tiene un hijo, que se muere nada más nacer. Al cabo de unos años se muere la madre.
El padre, con 68 años (en 1905) se casa de nuevo y al año vuelve a tener otro hijo.
Ese hijo en 1.988 tendrá 82 años.

Así, pues, si su hermano murió en 1858, hará de ello ciento treinta años.

158. Luis; como queda dicho.

159. Seis para él, pero las seis restantes para su hermano gemelo.

160. Forme una X mayúscula doble.

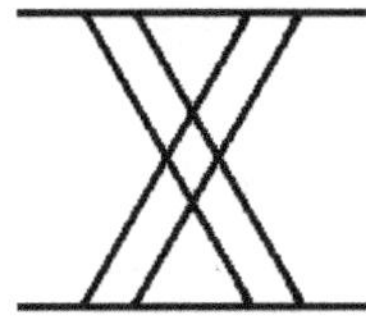

161. Ninguno, pues los dos maridos eran la misma persona: Napoleón.

162. El cero, ya que apostando a él, cuando sale otro número recibe una paga de cero veces su postura, o sea, cero euros.

163. Tuve que vender el coche para poder pagarle.

164. Cada niño recibe: 1/2 + 1/3 = 5/6 de manzana. Tres manzanas se dividen por la mitad y las dos restantes se dividen en tres partes cada una.

165. El año 1684 no empezaba hasta un mes más tarde.
Se olvida a veces que antiguamente el año no empezaba en enero, sino en marzo, generalmente el día 25.
El archivo (**Tumba.jpg**) es la fotografía de una tumba de
la catedral de Salisbury que muestra el enunciado de este acertijo.

166. Domingo.

167. Los dos niños estaban tan confundidos con el calendario que emprendieron la ruta de la escuela durante una mañana de domingo.

168. Piojos.

169. Si cada habitación tiene 2 puertas (nº par), la casa ha de tener, asimismo, un número par de puertas exteriores.

En efecto, digamos que cada puerta tiene dos caras, como una moneda.

Si el nº de caras exteriores es x, quiere decirse que otras tantas los son de las habitaciones.

Si el nº de habitaciones es h, tendrá que haber 2h caras de puerta que correspondan a las habitaciones, según el enunciado del problema, y como el nº de caras total ha de ser par, se tendrá llamando T al nº total de puertas: $2T = 2h + x$, o sea, $x = 2T - 2h =$ nº par.

El inspector Clouseau estaba (como siempre) completamente despistado.

170. Tome el 2º vaso y vierta su contenido en el 7º.

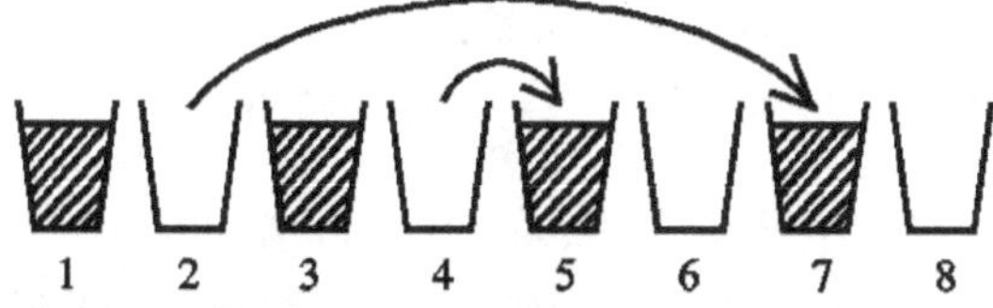

Después se vacía el cuarto en el quinto.

171. El segundo, pues, confía en matar al otro y regresar con su billete de vuelta.

172. El cliente iba vestido de bombero.

173. Cierto.

Esto le ocurrió a dos amigos en la celda de la cárcel, tiritaban de frío por haber hecho una estafa.

No les hubiera sucedido si en lugar de hacer una estafa hubieran hecho una estufa.

174. El cliente es peluquero.

175. El 15 y el 16 en el grupo C.

El 17 en el grupo B.

El grupo A está integrado por números formados por líneas curvas, el grupo B por números formados exclusivamente por líneas rectas y el grupo C por números compuestos por una combinación de líneas rectas y curvas.

176. Llamemos a los platos 1-2-3-4-5-6-7-8-9.

En los 3 primeros días, pudieron identificar qué plato correspondía a cada número. Veamos cómo lo lograron.

Primer día: Piden 1-2-3-4-4 y reconocen el plato "4" porque está repetido.

Segundo día: Piden 3-5-6-7-7 y reconocen los platos "7", porque se repite y "3" porque lo pidieron ayer.

Tercer día: Piden 1-5-8-8-9 y reconocen, el "8" porque hoy se repite, el "9" porque nunca lo habían pedido, el "5" porque lo pidieron ayer, el "6" porque lo habían pedido ayer y aún no lo habían reconocido, el "1" porque es el único que se repite del primer día y el "2" porque es el que queda y nunca se ha repetido.

Después de 3 días, ya conocen todos los platos.

El día 9 cada uno elige su plato favorito, luego comenzaron las vacaciones el día 6 de julio.

Los días 6, 7 y 8 de julio cenaron para conocer los platos.

177. Quitándose la dentadura postiza y...

178. El hijo pequeño fue el único que no le engañó.

El rey había cocido las semillas, así que no crecerían, lo que significa que los otros dos hijos no utilizaron las semillas del paquete que él les dio.

179. Pesar a su hijo antes de la compra y después de ella.

180. La V.

181. Por avaricioso. La avaricia rompe el saco.

182. El Señor no es sordo, la abuela sí.

183. Era de raza negra.

184. Si mi padre me oyera se llevaría una gran alegría porque es sordo.

185. El 14 y el 28.

El archivo (**Suprimiendo la última cifra.xls**) contiene la solución de este acertijo hecha con EXCEL.

186. A que estaba resfriado.

187. El hombre, muy ahorrador y listo, hizo un largo viaje de un mes por mar y no deseó pagar el estacionamiento por ese tiempo.

Consiguió dejar su coche en el banco durante un mes entero pagando menos dinero que lo que le cobrarían en el estacionamiento.

188. Sí, es posible. Su abogado era muy joven cuando le defendió.

189. El hombre vio el cuerpo en una de sus fotografías del día de la fiesta.

Hasta el 10 de octubre no reveló el carrete de fotos.

190. AZAHAR. La consonante inferior es una Z y no una N.

191. Mi marido se acuesta a las diez.

Yo me quedo despierta hasta las dos o las tres, a veces hasta las cinco.

Antes de irme a la cama exprimo un buen vaso de naranjada, echo dentro una píldora y lo meto en la nevera.

Luego, poco después llega mi sobrina de una cita y lo primero que hace es ir a la nevera y beberse su naranjada.

192. El adivino le dijo que moriría el mismo día que él.

193. El acróbata comienza por atar los cabos inferiores de las sogas.

Trepa hasta arriba por la cuerda A y corta la B, dejando la suficiente para hacer un lazo.

Colgándose de este con un brazo, corta la cuerda A a ras del techo (teniendo gran cuidado de no dejarla caer).

Luego pasa el extremo de A por el lazo y tira de la cuerda hasta que el punto medio de las dos sogas atadas queda en el lazo.

Tras bajar por la cuerda doble, tira del extremo libre, obteniendo así la totalidad de A y casi toda la B.

Hay gente que duda de que el ladrón pueda llevarse nada, porque las campanas comenzarían a sonar.

194. No están jugando entre sí; cada uno juega contra otra persona.

195. Los dedos se cuentan en repeticiones de un ciclo de un total de ocho, como se muestra a continuación:

Pulgar	Índice	Anular	Corazón	Meñique
1	2	3	4	5
9	8	7	6	
	10	11	12	13
17	16	15	14	
	18	19	20	21
. . .	. . .	. . .	. . .	. . .

Se trata simplemente de aplicar el concepto de congruencia numérica, módulo 8, a fin de calcular dónde caerá la cuenta para cualquier número dado.

Sólo tenemos que dividir el número entre 8, anotar el resto y comprobar qué dedo le corresponde.

El número 1.962 dividido entre 8 tiene un resto de 2, de esta forma la cuenta termina en el dedo índice.

Dividiendo mentalmente 1.962 entre 8 los matemáticos recuerdan la regla de que cualquier número es divisible entre 8 si sus tres últimas cifras son divisibles entre 8, por lo que sólo tenía que dividir 962 entre 8 para determinar el resto.

El archivo (**Predecir la cuenta.xls**) contiene
la solución de este acertijo hecha con EXCEL.

196. A cada hija le da cuatro manzanas.
A una de ellas, además, se las da dentro de la canasta.

197. La taza estaba fría. Al servirme café por primera vez se calentó, pero a costa de enfriar el café. Al servirme café por segunda vez, estando la taza ya caliente, puede tomarlo sin problemas, porque no llegó a enfriarse.

198. Como todo el mundo sabe, hombre precavido vale por dos. Por lo que: 82 kg. x 2 = 164 kg. ¡Al agua seguro!

199. Porqué nadie llama a su propia puerta.

200. En total hay 23. Diez de una pieza. Nueve de dos piezas. Dos de tres piezas. Dos de cuatro piezas.

201. La casada es la que lleva un anillo en el dedo.

202. No es posible.
En el mejor de los casos se mantendrían 27.

203. Porque *"David es con de"*. (Además, de pies a cabeza).

204. En Química, pues le decía: Ca-Ra-D-U-Ra, Fe-O, Co-C-H-In-O, Ca-F-Re, La-Nd-Ru, todos símbolos químicos.

205. Lo más sencillo es hacer el camino inverso del aldeano:
Al final=0 32 16 48 24 56 28=Al comienzo
Los datos de este problema no pueden darse alegremente. Por ejemplo, fijado el pago de 32 monedas, el número de veces que se pasa el puente sólo puede ser 1, 2, 3, 4 o 5.
De acuerdo con ellas, el número inicial de monedas es 16, 24, 28, 30 y 31.
Si se quisiera alterar la tarifa puesta por el diablo, puede, en vez de 32, exigir cada vez el pago de 2, 4, 8, 16, 32, ... monedas, porque con otras cantidades no saldría limpio el juego.
El archivo (**Avaricioso castigado.xls**) contiene
la solución de este acertijo hecha con EXCEL.

206. Se subió a un bloque de hielo que luego se derritió.

207. Tengo que fotografiarme de perfil.

208. Conocía al pintor y sabía que nunca se levantaba antes de las doce.

209. Uno de los deportistas era chica y la única que había en el bar.

210.

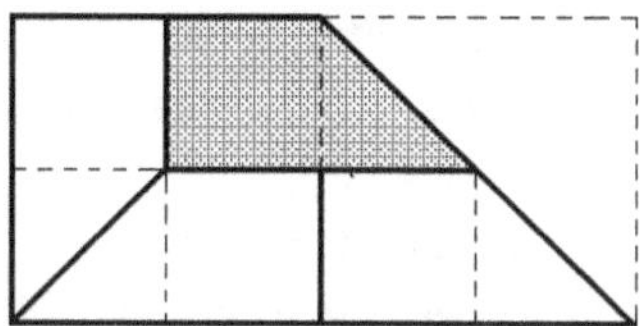

211. El fugado estaba cerca de la entrada de un largo puente. Tuvo que correr hacia el coche de la policía que le buscaba para poder salir del puente antes de que el coche le alcanzase.

212. Puede utilizar una caja de cartón de forma cúbica cuyas medidas sean: 3 metros, 4 metros y unos pocos centímetros.
La diagonal de esta caja mide más de 5 metros y por tanto cabe la caña de pescar.

213. No se ha llegado a decir que fuera de noche.

214. Los cuatro hombres llevaban a enterrar en la caja a la mujer.

215.

6 10 1 8

4 9 7

5 2

3

El archivo (**Triángulo con 4 bolas.xls**)
contiene este acertijo.

216. *«Señora, enfrente hay una pollería; vaya a que le den un huevo».*

217. Fueron usados por unos niños que hicieron un muñeco de nieve. La nieve ya se ha derretido.

218. Llamemos a los interruptores: 1, 2, 3 y 4.

Primero activamos los interruptores 1 y 3 durante un rato.

Luego desactivamos el 3 y activamos el 2, lo que nos conduce a cuatro posibilidades:

Si la bombilla esta encendida y fría: El 2.

Si la bombilla esta encendida y caliente: El 1.

Si la bombilla esta apagada y fría: El 4.

Si la bombilla esta apagada y caliente: El 3.

219. El madrileño estaba en Tenerife y pudo hablar en persona con su amigo.

220. En total hay 30. Los 16 pequeños, 9 de cuatro cuadrados cada uno, 4 de nueve pequeños cada uno y el envolvente. 16 + 8 + 4 + 1 = 30.

221. Eran peces de colores cuyo cuenco fue derribado por un perro torpe.

222. El hombre había saltado desde un avión pero su paracaídas no logro abrirse. Este era el paquete sin abrir.

[Este acertijo es otro gran clásico. Si se piensa en términos equivocados (esto es, en las dos dimensiones del suelo) entonces el salto lateral a la tercera dimensión puede ser difícil].

223. En el momento del parto, la madre de los gemelos estaba viajando en un barco.

El gemelo mayor, Antonio, nació el primero el día 1 de marzo.

Entonces, el barco cruzo la línea "Fecha Internacional" (o cualquier línea de zona horaria) y Benito, el menor, nació el 28 de febrero.

En los años bisiestos el gemelo menor celebra su cumpleaños 2 días antes que su hermano mayor.

[Este acertijo fue presentado en la competición de la revista de juegos "How Come" en 1992 por Judy Dean. Ganó].

224. Se supone que este acertijo esta basado en un hecho real.

Durante un incendio forestal, un avión cisterna, de los que se utilizan contra los incendios, había recogido agua del lago para apagar el fuego, recogiendo también, accidentalmente, al infortunado nadador.

225. Pablo vendía cada melón a 0'333... dólares.
Agustín vendía cada melón a 0'5 dólares.
Al juntar los melones los vendían a 0'4 dólares cada uno.
Pablo gana dinero: 30 x (0'4 - 0'333...) = 2 dólares.
Agustín pierde: 30 x (0'5 - 0'4) = 3 dólares.
Si representamos por O los melones de Pablo y por X los de Agustín.

Lote1	L2	L3	L4	L5	L6	L7	L8	L9	L10	L11	L12
O	O	O	O	O	O	O	O	O	O	X	X
O	O	O	O	O	O	O	O	O	O	X	X
O	O	O	O	O	O	O	O	O	O	X	X
X	X	X	X	X	X	X	X	X	X	X	X
X	X	X	X	X	X	X	X	X	X	X	X

El dólar que falta se pierde al hacer los dos últimos lotes con melones, solamente, de Agustín.

El archivo [**Los hermanos y los melones (1).ppt**]
contiene el enunciado de este acertijo.

226. Escribió en el papel "SU PESO EXACTO".

227. El viajero entrega al conductor 20 monedas de euro.
Si el viajero quisiera ir a una parada anterior, le habría dado menos dinero.

228. Porque jugaba el equipo femenino.

229. Al final de 17 días, el caracol habrá escalado 17 metros, y al final de la tarea diurna del día 18 estaría en la cima.

Instantáneamente comenzará a resbalar mientras duerme, y habrá descendido 2 metros del otro lado al finalizar el decimoctavo día de 24 horas.

¿Cuánto tiempo le llevarán los 18 metros restantes?

Si resbala 2 metros en la noche, resulta claro que durante el día, al escalar, debe vencer la tendencia a resbalar también 2 metros.

Al remar río arriba, tenemos la corriente en contra, pero río abajo nos ayuda y acompaña.

Si el caracol puede escalar 3 metros y al mismo tiempo contrarrestar la tendencia a resbalar 2 metros, en doce horas de ascenso, con el mismo esfuerzo podría arrastrarse 5 metros por el día, a nivel.

Por lo tanto, al descender, el mismo esfuerzo lo traslade 7 metros en doce horas (es decir 5 metros por esfuerzo personal y 2 metros por resbalada).

Esto, con la resbalada nocturna, le proporciona un avance en descenso de 9 metros en 24 horas.

Puede, por lo tanto, andar los 18 metros restantes en exactamente dos días, y todo el trayecto, hacia arriba y hacia abajo, le tomará exactamente 20 días.

230. Nueve rectángulos.

231. a) Trasladó al ocupante de cada habitación a la de número siguiente. Así, la habitación número 1 quedó libre para el piloto.

b) Sí, el gerente no tuvo más que trasladar a cada residente a la habitación número cinco unidades mayor. De esta forma, las parejas pudieron ocupar los números 1 a 5. En este caso y en el anterior, se muestra cómo el conjunto de todos los números naturales puede coordinarse con uno de sus subconjuntos propios.

c) El gerente hará mudarse a cada inquilino, llevándolo a una habitación de número doble del que tenía. Así todos quedan alojados en habitaciones con números pares. Y las impares, que son infinitas, quedan libres para alojar a los del chicle. Aquí se pone de manifiesto, que al restar infinitos de infinitos es posible que queden infinitos todavía.

232. Exactamente tres bien es lo mismo que una mal, así que hay que elegir entre exactamente tres bien y exactamente dos bien.

Pero, es imposible que estén bien tres, porque entonces la cuarta también tendría que estar bien.

Por lo que me equivoqué en dos cartas.

233. Se obtiene el número 495.

El archivo (**El número mágico 495.xls**)

contiene este acertijo.

234. Pone las rebanadas A y B durante 30 segundos.

Da la vuelta a A y pone a C en lugar de B, durante 30 segundos.

Quita A, que ya está lista, y pone durante 30 segundos a B y C por los lados que no estaban aún tostados.

La idea inspirada estriba en darse cuenta de que no es forzoso tostar el segundo lado de cada rebanada inmediatamente después de tostar el primero.

235. Suponiendo que el señor y la señora González trabajen a la vez, podríamos pensar en principio que harían falta 60 minutos para liquidar las faenas domésticas.

Pero, si una de ellas, por ejemplo, pasar el aspirador, se deja a medias, posponiendo la otra mitad, los tres trabajos pueden terminarse en tres cuartas partes de ese tiempo, es decir, en 45 minutos.

236. No cuesta mucho idear un procedimiento capaz de ejecutar la tarea en dos minutos.

Empero, el tiempo total puede rebajarse a 111 segundos atinando en la siguiente idea feliz: las rebanadas pueden ser tostadas parcialmente por un lado, retiradas, y más tarde devueltas al tostador para rematar el tueste.

Aún con eficiencia óptima dista de ser sencillo.

1-3 - Introducción de la rebanada A.

3-6 - Introducción de la rebanada B.

6-18 - Terminan los 15 segundos de tueste de una de las caras de A.

18-21 - Se saca A.

21-23 - Se introduce C.

23-36 - B termina de tostarse por un lado.

36-39 - Se saca B.

39-42 - Se mete A por el otro lado.

42-54 - Untar B.

54-57 - Sacar C.

57-60 - Meter B.

60-72 - Untar C.

72-75 - Sacar A.

75-78 - Meter C.

78-90 - Untar A.

90-93 - Sacar B.

93-96 - Meter A para terminar de tostar su primera cara.

96-108 - A termina de tostarse.

108-111 - Se saca C.

Se han tostado y cubierto de mantequilla las tres rebanadas, pero la A está todavía en el tostador.

Pero, incluso exigiendo que se saque A para que todas las operaciones queden completamente terminadas, se necesitan solamente 114 segundos.

Poco antes de terminar, podría aprovecharse el tiempo para comerse la rebanada B.

237. Tres calcetines.

238. Cuatro calcetines.

239. Número de calcetines 41.

240. Cuatro calcetines.

241. Número de guantes 61.

242. a) 11 personas. b) 3 personas.

243. Cuatro.

244. El número total de saludos estrechando las manos es igual a la semisuma del número de manos estrechadas por cada uno: $(1/2)\times(9\times3)=27/2$.
Debería ser un número entero.
De ahí el absurdo.

245. La hacienda de 9.000 ducados, repartida entre 5 hijos, da 1.800 ducados para cada uno.
El archivo (**Original testamento.xls**) contiene
la solución de este acertijo hecha con EXCEL.

246. a) 19. b) Dos soluciones: 22, 24. c) 25, 35.

247. a) Esta frase tiene doce vocales. b) Esta frase no tiene diecinueve consonantes. También vale dieciocho si contamos la ch como una sola letra. c) Esta frase no tiene treinta y cinco letras. d) Esta frase tiene veintitrés vocales y treinta y una consonantes.

248. Cuatro. Al final le quedará una colilla.

249. Para 21 cigarrillos. Al final le quedará una colilla.

250. Con 3 colillas se hace un cigarrillo, que al final, da una colilla, que unida a las tres que nos sobraban hacen un total de 4 colillas.

Empleamos otras 3 en el segundo cigarrillo recuperando una colilla que unida a la que nos había sobrado da un total de 2.

¿Cómo entonces, podremos fumar ese tercer cigarrillo?

Muy fácil. Le pedimos prestada una colilla a un amigo, lo que nos permite con las otras dos, hacer el cigarrillo y, una vez terminado este, le devolvemos la colilla al amigo.

El archivo (**Fumando colillas.xls**) contiene un modelo
hecho con EXCEL, para resolver este acertijo y otros similares.

BIBLIOGRAFÍA

La relación que se muestra a continuación es incompleta por las razones explicadas en el prólogo. Pudiera servir de orientación y, en parte, como justificación de todas las omisiones.

Adams, James L. - Guía y juegos para superar bloqueos... Gedisa. Barcelona. (1986)
Agostini, F. – Juegos de lógica y matemáticas. Pirámide. Barcelona. (1988)
Albaiges Olivart J. M. - ¿Se atreve Vd. con ellos? Marcombo. Barcelona. (1981)
Allem, J. P. - Juegos de ingenio y entretenimiento mat. Gedisa. Barcelona. (1984)
Allem, J. P. - Nuevos juegos de ingenio y entret. mat. Gedisa. Barcelona. (1984)
Azzopardi, Gilles - 500 tests para aumentar su inteligencia. Tikal. Gerona. (2001)
Barry Townsend, Charles - Acertijos Clásicos. Selector. (1994)
Bayllif, J. C.. - Los rompecabezas lógicos de Baillif. Reverté. Barcelona. (1985)
Berrondo, M. - Los juegos matemáticos de eureka. Reverté. Barcelona. (1987)
Bolt, B. – Actividades matemáticas. Lábor. Barcelona. (1988)
Bolt, B. – Más actividades matemáticas. Lábor. Barcelona. (1990)
Bolt, B. – Divertimentos matemáticas. Lábor. Barcelona. (1987)
Brandeth, Gyles - Juegos con números. Gedisa. Barcelona. (1989)
Bunch, B. H. – Matemática insólita. Paradojas y... Reverté. Barcelona. (1987)
Camous, Henri - Problemas y juegos con la matemática. Gedisa. Barcelona. (1995)
Carroll, Lewis – El juego de la lógica. Alianza. Barcelona. (1979)
Corbalán, F. - Juegos matemáticos para secundaria y Bach. Síntesis. Madrid. (1994)
Dispezio, Michael A. - 99 desafios a la capacidad intelectual. Tikal. Gerona. (1999)
Emmet, Eric - Juegos de acertijos enigmáticos. Gedisa. Barcelona. (1990)
Emmet, Eric - Juegos para devanarse los sesos. Gedisa. Barcelona. (2000)
Falleta, N. - Paradojas y juegos. Ilustraciones, ... Gedisa. Barcelona. (1986)
Fixx, J. - Juegos de recreación mental para los muy intelig. Gedisa. Barcelona. (1988)
Fournier, Jean Louis - Aritmética aplicada e impertinente... Barcelona. (1995)
Friant, J. y LH, Y. - J. lógicos en el mundo de la intelig... Gedisa. Barcelona. (1987)
García Solano, R. - Matemáticas mágicas. Escuela Española. Madrid. (1988)
Gardner, M. - Nuevos pasatiempos matemáticos. Alianza. Barcelona. (1980)
Gardner, M. - Carnaval matemático. Alianza. Barcelona. (1980)
Gardner, M. - Circo matemático. Alianza. Barcelona. (1983)
Gardner, M. – Comunicación extraterrestre y otros p. mat.. Cátedra. Madrid. (1986)
Gardner, M. - Festival mágico-matemático. Alianza. Barcelona. (1984)
Gardner, M. - ¡Ajá! Inspiración ¡Ajá! Lábor. Barcelona. (1981)
Gardner, M. - ¡Ajá! Paradojas que hacen pensar. Lábor. Barcelona. (1983)
Gardner, M. - Ruedas vida y otras div. matemáticas. Lábor. Barcelona. (1985)
Gardner, M. - Juegos y enigmas de otros mundos. Gedisa. Barcelona. (1987)
Gardner, M. - Juegos y enigmas de otros mundos. Gedisa. Barcelona. (1987)
Gardner, M. - Mágicos números del doctor Matrix, Los. Gedisa. Barcelona. (1986)
Guzmán, M. de - Cuentos con cuentas. Lábor. Barcelona. (1984)

Guzmán, M. de - Mirar y ver. Alhambra. Madrid. (1976)
Harshman, Edward J. - 99 enigmas para estimular el ingenio. Tikal. Gerona. (1999)
Harshman, Edward J. - ¡Elemental, querido Watson! 100 enig... Tikal. Gerona. (1999)
Holt, M. - Matemáticas recreativas 2. Martínez Roca. Barcelona. (1988)
Holt, M. - Matemáticas recreativas 3. Martínez Roca. Barcelona. (1988)
Knuth, D. E. – Números surreales. Reverté. Barcelona. (1979)
Lánder, I. - Magia matemática. Lábor. Barcelona. (1985)
Longe, Bob - Los mejores trucos de cartas del mundo. Tikal. Gerona. (1998)
Longe, Bob - Los mejores trucos de magia del mundo. Tikal. Gerona. (1998)
Masino, G. – El romance de los números. Círculo de Lectores. Barcelona. (1980)
Mataix, M. - Cajón de sastre matemático. Marcombo. Barcelona. (1978)
Mataix, M. - Divertimientos lógicos y matemáticos. Marcombo. Barcelona. (1979)
Mataix, M. - Fácil, menos fácil y difícil. Marcombo. Barcelona. (1980)
Mataix, M. - El discreto encanto de las matemáticas. Marcombo. Barcelona. (1981)
Mataix, M. - Nuevos divertimientos matemáticos. Marcombo. Barcelona. (1982)
Mataix, M. - Droga matemática. Marcombo. Barcelona. (1983)
Mataix, M. - Ocio matemático. Marcombo. Barcelona. (1984)
Mataix, M. - Problemas para no dormir. Marcombo. Barcelona. (1987)
Mataix, M. - En busca de la solución. Marcombo. Barcelona. (1989)
Mathematical Association of America - Concursos de mat. Euler. Madrid. (1996)
Muller, Robert - Matemagicas. Tikal. Gerona. (1999)
Northrop, E. P. - Paradojas matemáticas. Uteha. México. (1977)
Paraquín, K. H. - Juegos visuales. Lábor. Barcelona. (1978)
Perelman, Y. I. - Matemáticas recreativas. Martínez Roca. Barcelona. (1977)
Perelman, Y. I. - Álgebra recreativa. Mir. Moscú. (1978)
Perelman, Y. I. - Problemas y experimentos recreativos. Mir. Moscú. (1983)
Robert-Houdin, J. E. - Secretos de la magia. Tikal. Gerona. (1999)
Rodríguez Vidal, R. - Diversiones matemáticas. Reverté. Barcelona. (1983)
Rodríguez Vidal, R. - Cuentos y cuentas de los mat. Reverté. Barcelona. (1986)
Rodríguez Vidal, R. - Enjambre matemático. Reverté. Barcelona. (1988)
Smullyan, R. - ¿Cómo se llama este libro? Cátedra. Madrid. (1981)
Smullyan, R. - ¿La dama o el tigre? Cátedra. Madrid. (1983)
Smullyan, R. - Alicia en el país de las adivinanzas. Cátedra. Madrid. (1984)
Smullyan, R. - Enigma de Sherezade. Gedisa. Barcelona. (1998)
Smullyan, R. - Juegos de ajedrez y los misteriosos... Gedisa. Barcelona. (1986)
Smullyan, R. - Juegos para imitar a un pájaro imitador. Gedisa. Barcelona. (1989)
Smullyan, R. - Juegos por siempre misteriosos. Gedisa. Barcelona. (1995)
Smullyan, R. - J. y problemas de ajedrez para S. H. Gedisa. Barcelona. (1986)
Smullyan, R. - Satán, Cantor y el infinito. Gedisa. Barcelona. (1995)
Stewart, Ian - Ingeniosos encuentros entre juegos y mat. Gedisa. Barcelona. (1990)
Tejada, Ivan - 100 problemas para pensar (un poco). Tikal. Gerona. (1999)
Thio de Pol, S. - Primos o algunos dislates sobre números. Alhambra. Madrid. (1976)
Vives, Paul - Juegos de ingenio. Martínez Roca. Barcelona.
Wells, David - El curioso mundo de las matemáticas. Gedisa. Barcelona. (2000)

COLECCIÓN DE MENTE: *Para el aficionado a los juegos y a los problemas de ingenio.*

1. El idioma de los espías - Martin Gardner.
2. El Laberinto y otros juegos matemáticos - Edouard Lucas.
3. Ejercicios de Pensamiento Lateral - Paul Sloane.
4. Puerta a la Cuarta Dimensión y otros cuentos - Varios autores.
5. Los Acertijos de Sam Loyd - Martin Gardner.
6. Magia Inteligente - Martin Gardner.
7. Ganar al Backgammon - Millard Hopper.
8. El Acertijo del Mandarín y otras diversiones matemáticas - Henry Dudeney.
9. Anarquía y otros juegos de cartas - David Parlett.
10. El Anticipador y otros cuentos - Varios autores.
11. Nuevos Ejercicios de Pensamiento Lateral - Paul Sloane.
12. El Concurso de Belleza y otros desafíos matemáticos - Ángela Dunn.
13. El detective es Usted - Lassiter Wreen y Randle McKay.
14. Matemática para divertirse - Martin Gardner.
15. Las Esferas Doradas y otras recreaciones matemát. (tomo I) - Joseph Madachy.
16. Las Esferas Doradas y otras recreaciones matemát. (tomo II) - Joseph Madachy.
17. Acertijos Divertidos y Sorprendentes - Martin Gardner.
18. Círculos Viciosos y Paradojas - P. Hughes y B. Brecht.
19. Los Gatos del Hechicero y nuevas diversiones matemáticas - Henry Dudeney.
20. Súper Ejercicios de Pensamiento Lateral - Paul Soone y Des MacHale.
21. Aquí Comienza el Bridge - Terence Reese.
22. 5 Test de Inteligencia - Pierre Berloquin.
23. Test de Pensamiento Lateral - Paul Sloane.
24. Acertijos Fantásticos - Muriel Mandell.
25. Cómo Jugar y Divertirse con Escritores Famosos - Daniel Samoilovich.
26. Acertijos para Resolver en el Ascensor - J.J.Mendoza Fernández.
27. La Magia de la Matemática - Theoni Pappas.
28. Cómo Jugar y Divertirse con su Inteligencia - Lea y Jaime Poniachik.
29. Potencie su Pensamiento Lateral - Paul Sloane y Des MacHale.
30. Nuevos Acertijos de Sam Loyd - Martin Gardner.
31. El Encanto de la Matemática - Theoni Pappas.
32. Acertijos Para Resolver en el Autobús - J.J. Mendoza Fernández.
33. Prácticas de Pensamiento Lateral - Paul Sloane y Des MacHale.
34. 101 Acertijos - C.R. Wylie.
35. Ejercicios de Inteligencia Asociativa - Lloyd King.

CORREO ELECTRÓNICO - *Acertijos enviados por internautas.*

ANEXO – Archivos virtuales

Los archivos virtuales se muestran a continuación.
Se indica el nº del acertijo y el nombre del archivo correspondiente.
Se descargan de: http://platea.pntic.mec.es/jescuder/acertijo.rar

INT – Movida en la lechería.ppt
INT - Los tres niños con camiseta.ppt
INT - Dominó y ajedrez.ppt
5 - Magia con seis números.ppt
5 - Magia con seis números.xls
10 - Los canales de Marte.ppt
15 - Triángulo con 3 bolas.xls
25 - Los cuatro de la familia.ppt
26 - Hemisferios.bmp
35 - Moros y cristianos.ppt
45 - Carlos en el año 2000.xls
55 - El truco del calendario.xls
56 - Prestar y recuperar 50 dólares.ppt
67 - El juego de los aplausos (1).xls
85 - Pobre Pío.xls
95 - Volteando cartas.xls
105 - Director creativo.xls
115 - El número mágico 9.xls
125 - Las monjas del convento.ppt
135 - Cuadrado mágico 3x3.xls
145 - AAAA - BBBB.xls
155 - Del uno al ocho.xls
165 - Tumba.jpg
185 - Suprimiendo la última cifra.xls
195 - Predecir la cuenta.xls
205 - Avaricioso castigado.xls
215 - Triángulo con 4 bolas.xls
225 - Los hermanos y los melones (1).ppt
233 - El número mágico 495.xls
245 - Original testamento.xls
250 - Fumando colillas.xls

Para poder visualizar el contenido de cada archivo, es necesario tener instalado el programa correspondiente: EXCEL, POWERPOINT, etc.

En **acertijo.rar** también están los archivos correspondientes a otros volúmenes.

www.ingramcontent.com/pod-product-compliance
Lightning Source LLC
LaVergne TN
LVHW092355170726
843489LV00001B/200